alternatives sociales

avec le concours d'un comité éditorial composé de :
Michel Autès, Marc Bessin, Olivier Cany,
François Chobeaux, Numa Murard.

Du même auteur

Immigrés dans la crise (avec Françoise BRIOT), Éditions ouvrières, Paris, 1981.

Diversité culturelle, société industrielle, État national (dir.), L'Harmattan, Paris, 1985.

Les Obstacles culturels aux apprentissages, CNDP, Paris, 1994.

Les Obstacles culturels aux interventions sociales, CNDP, Paris, 1996.

Les Jeunes et l'autorité. Aspects culturels, CNDP, Paris, 1998.

La Société interculturelle. Vivre la diversité humaine, Le Seuil, Paris, 2001.

Apprendre et enseigner le français, L'Harmattan, Paris, 2006.

La Modernité interculturelle. La voie de l'autonomie, L'Harmattan, Paris, 2006.

Gilles Verbunt

LA QUESTION INTERCULTURELLE
DANS LE TRAVAIL SOCIAL

REPÈRES ET PERSPECTIVES

Nouvelle édition

9 *bis*, rue Abel-Hovelacque
75013 Paris

Remerciements

Les notes de bas de page et la bibliographie complémentaire citent non seulement des ouvrages, mais aussi des personnes qui sont souvent des amis. Tous, nous savons que nous sommes très dépendants les uns des autres pour faire avancer nos réflexions. Même si je ne partage pas toujours les mêmes idées, les travaux et les publications des uns et des autres ont été indispensables à l'élaboration de ce livre. Je remercie par ailleurs Françoise Briot pour ses suggestions, qui m'ont permis d'éviter des maladresses et de réfléchir sur des questions qui autrement m'auraient échappé.

En application des articles L. 122-10 à L. 122-12 du Code de la propriété intellectuelle, toute reproduction à usage collectif par photocopie, intégralement ou partiellement, du présent ouvrage est interdite sans autorisation du Centre français d'exploitation du droit de copie (CFC, 20, rue des Grands-Augustins, 75006 Paris). Toute autre forme de reproduction, intégrale ou partielle, est également interdite sans autorisation de l'éditeur.

Si vous désirez être tenu régulièrement informé de nos parutions, il vous suffit d'envoyer vos nom et adresse aux Éditions La Découverte, 9 *bis*, rue Abel-Hovelacque, 75013 Paris. Vous recevrez gratuitement notre bulletin trimestriel *À La Découverte*.
Vous pouvez également retrouver l'ensemble de notre catalogue et nous contacter sur notre site **www.editionsladecouverte.fr**.

© Éditions La Découverte, Paris, 2009.
ISBN 978-2-7071-5785-0

PRÉFACE À LA SECONDE ÉDITION

Depuis la première édition de cet ouvrage, en 2004, on assiste à un renforcement des interventions politiques, juridiques et administratives dans la gestion de l'immigration et de la diversité culturelle en France. Le paysage social dans lequel évoluent les relations interculturelles en subit l'influence, dans un sens tantôt positif, tantôt négatif.

Ainsi, la reconnaissance de la diversité et la volonté de la faire émerger dans la vie publique signifient une rupture avec un passé où tout particularisme culturel était renvoyé à la vie privée. La lutte contre les discriminations a fait de grands progrès. Le piège des statistiques ethniques ou phénotypiques a été contourné. Le spectre du multiculturalisme ségrégateur s'est éloigné. Autant de freins de moins pour que la société puisse avancer dans la voie de l'interculturel[1].

Cependant, on ne peut en dire autant du rôle dévolu au travail social. La tendance politique actuelle insiste beaucoup sur le résultat, ce qui n'est pas mauvais en soi mais devient pervers

---

1. *Cf.* Michel WIEVIORKA, *La Diversité. Rapport à la ministre de l'Enseignement supérieur et de la Recherche*, Robert Laffont, Paris, 2008.

lorsque le principal objectif est de produire des statistiques destinées à convaincre élus et autres financeurs. Ce qui frappe aussi, c'est la pression exercée sur les intervenants sociaux pour accepter le rôle de courroie de transmission d'une politique plus sécuritaire que sociale. Est-il normal que l'agent d'un service social dénonce à la police une mère de famille en situation irrégulière ? Est-il normal que des caisses d'allocations familiales refusent de verser une aide à une mère au motif que ses enfants ne sont pas entrés légalement sur le territoire national ?

Un récent communiqué du Conseil supérieur du travail social (CSTS)[2] commence ainsi : « Rappelant quelques principes déontologiques tels que "la finalité du travail social est l'aide à toute personne, fondée sur le respect et la dignité", dans le respect du secret professionnel "destiné à protéger les usagers du travail social", le CSTS précise en effet qu'"il n'entre pas dans la mission des travailleurs sociaux de rechercher et de se prononcer sur le séjour irrégulier" ». La tendance existe aussi, au niveau des administrations, de respecter les Européens « riches » plus que les Européens « pauvres ». À cet égard, le CSTS signale également que : « Les obstacles auxquels font face les citoyens européens vivant en France pour accéder à la protection sociale se sont accrus : les organismes de protection sociale refusent des prestations qui étaient auparavant accordées ; des restrictions législatives ont été introduites en 2006 et 2007 pour certaines prestations (RMI, API, AAH, CMU [3]) ; et surtout, dans ce nouveau climat et en l'absence durable d'instructions claires, on a constaté des pratiques très variables d'un endroit à l'autre, changeantes au cours du temps, abusives, voire illégales, et souvent discriminatoires

---

2. Le CSTS – dont la mission est d'aider le ministère dans sa réflexion sur l'évolution du secteur social – a exprimé ses « inquiétudes » sur l'intervention sociale auprès des migrants le 18 juin 2008 dans un *Flash Action Sociale* que l'on peut consulter sur : <actionsociale.weka.fr/flash>.

3. Respectivement : revenu minimum d'insertion, allocation de parent isolé, allocation aux adultes handicapés, couverture maladie universelle.

selon la nationalité du demandeur, alors que pourtant rien ne permet de traiter différemment un Roumain d'un Britannique en matière de droit à la protection sociale. » L'État tire sa légitimité de sa tâche de gérer la société. Ce qu'il fait avec des moyens juridiques et administratifs plus ou moins justes. Le travail social tire sa légitimité de la médiation entre, d'une part, cet État qui légifère pour l'ensemble et, d'autre part, la vie concrète et singulière des individus qui s'adressent à lui. L'intervenant n'obéit pas seulement aux injonctions de son supérieur ou financeur, mais aussi aux valeurs déontologiques, au respect de la vie privée et du secret professionnel. Ce partage des rôles est aujourd'hui contrarié par deux révisions institutionnelles. L'absorption depuis octobre 2005 de l'association SSAE (Service social d'aide aux émigrants) par un établissement public, l'OMI (Office des migrations internationales), donnant naissance à l'ANAEM (Agence nationale d'accueil des étrangers et des migrations [4]), et l'instauration d'un contrat d'accueil et d'intégration (CAI) sont significatives : le « vivre ensemble » reposera désormais davantage sur une démarche et un cadre juridiques que sur un accompagnement relationnel dans la durée. Quant à la fusion du FASILD (Fonds d'action et de soutien pour l'intégration et la lutte contre les discriminations) et de la DIV (Délégation interministérielle à la ville) dans l'ACSÉ (Agence nationale pour la cohésion sociale et l'égalité des chances), en 2006, elle signifie un désenclavement des problèmes d'intégration, qui ne concernent pas seulement les migrants. Mais le rôle que vont jouer les préfets et les élus dans les décisions à prendre risque de nuire aux associations qui n'épousent pas les orientations des pouvoirs publics en la matière.

Beaucoup d'élus et d'administrations ne reconnaissent plus la complémentarité du juridique et du relationnel. Non seulement

---

4. <www.anaem.social.fr>

ils excluent toute légitimité autre que la leur, mais ils sont souvent sourds à l'expérience réfléchie des praticiens, préférant persévérer dans une sainte ignorance, se reposant avec assurance sur le « sens commun » ou les « évidences » d'un autre âge. Cela est particulièrement vrai (et les médias, eux aussi, font souvent preuve de cette ignorance) lorsqu'il est question de cultures, d'identités et de communautés. Quand la pression migratoire devient plus forte – conditions économiques et climatiques aidant –, le repli sur soi et la tentation de rester « entre soi » se nourrissent de la peur d'être envahis. Le risque est alors de donner la priorité à la mise en avant de « l'identité nationale », plutôt qu'à l'ouverture aux autres.

On peut d'ores et déjà penser que la crise financière qui a éclaté au grand jour fin 2008 va avoir pour conséquences d'augmenter le nombre de recours à l'aide d'institutions sociales. Et de jeter de nouvelles populations sur la route, accompagnant celles qui partent à cause du réchauffement de la planète. Les migrations aventureuses des Maghrébins et Africains de l'Ouest, qui tentent de rejoindre l'Eldorado européen, ne seront pas les seules à traverser les frontières. Des demandeurs d'asile et de survie économique rejoindront le nombre croissant des « sans » en France (sans-papiers, sans-domicile, sans-emploi...). Quelle que soit la politique d'admission, les travailleurs sociaux seront sollicités plus que jamais pour régler des questions de papiers, de logement, d'emploi, de santé, de scolarisation. Les publics demandeurs viendront des quatre continents et appartiendront à d'innombrables groupes culturels. Dans ces circonstances difficiles, où les ressources pour une aide efficace sont très limitées, un accompagnement compréhensif est d'autant plus nécessaire. Ainsi, une assistante sociale m'a dit qu'à défaut de pouvoir aider efficacement les familles à trouver un logement, elle pouvait au moins les aider à ne pas être complètement déracinées en France grâce à une écoute particulièrement attentive. Cette perspective est peut-être trop réductrice, mais elle souligne l'utilité d'une compétence interculturelle.

Le nombre d'acteurs sociaux a considérablement augmenté dans des secteurs où l'expérience personnelle ou pratique a été le principal critère de recrutement, plus que la compétence formelle. La prise en compte de catégories sociales ayant des problèmes spécifiques a conduit à multiplier ces intervenants. Or le maniement des interférences culturelles et identitaires est trop délicat pour reposer uniquement sur la générosité, l'ouverture d'esprit et une expérience formulée souvent dans des schémas de pensée obsolètes. Grâce à des compléments de formation et à un encadrement compréhensif par des intervenants chevronnés, il est possible non seulement d'éviter des conflits inutiles, mais également de s'enrichir personnellement les uns et les autres et d'obtenir de meilleurs résultats. C'est aussi un argument en faveur de la réédition de cet ouvrage...

Gilles Verbunt, février 2009.

INTRODUCTION

Les différences culturelles sont une composante de la vie sociale moderne. Elles marquent de plus en plus les sociétés au fur et à mesure que la mondialisation progresse. Elles peuvent servir à affermir ou au contraire à affaiblir les identités collectives ; les uns les considèrent comme des menaces, les autres comme une source d'enrichissement. La notion d'interculturel exprime dans cet ouvrage un parti pris positif par rapport aux différences culturelles. Certes, ces différences sont d'abord des obstacles à la communication et peuvent aussi être une source de conflits plus profonds – conflits qui se manifestent quand sont mises en question des façons d'organiser la société et de réviser la place de l'être humain dans celle-ci (voire dans le cosmos) – mais, en les surmontant, elles se révèlent être une source de plaisir et d'enrichissement.

Les travailleurs sociaux, surtout à travers leur rôle auprès des populations immigrées, sont en première ligne. Ils se voient confier la mission de réguler les tensions découlant d'une intégration jugée insuffisante de ces populations dans les circuits du logement, de l'emploi, des soins de santé, de la scolarisation...

Les différences culturelles n'existent pas seulement chez les étrangers. La culture officielle des institutions françaises peut être en tension avec celle, moins formelle, des agents présents sur le terrain. Il est vrai que ces derniers doivent prendre en compte, outre la volonté de respect de leur culture de la part des personnes qu'ils aident, les coutumes, les valeurs et le langage des institutions qui les emploient, et ils doivent respecter également une culture nationale, une législation parfois conjoncturelle, des normes émanant d'instituts professionnels ou dictées par la déontologie, des directives émanant de Conseils généraux, régionaux, ou de municipalités. Les tiraillements sont nombreux et permanents. Le travailleur social n'est pas dans une position confortable : entre l'individu qui a besoin de soutien et les administrations territoriales qui financent son activité, le travailleur social a souvent l'impression de se trouver entre le marteau et l'enclume. Il a des responsabilités personnelles à prendre et des contradictions à concilier.

Un premier réflexe, heureusement peu courant chez les travailleurs sociaux, serait de pointer un doigt accusateur en direction des étrangers « qui refusent de s'intégrer ». Une autre réaction, heureusement plus fréquente, consiste à essayer de connaître tant soit peu la langue et les coutumes du public : initiative très louable, mais encore insuffisante. L'interculturel commence à partir d'un effort de connaissance de soi et de sa propre culture. Le dialogue devient interculturel quand le travailleur social s'efforce de s'intégrer à l'univers culturel de ses interlocuteurs, non pour devenir comme eux, mais pour comprendre, et éventuellement s'affronter à la logique de conceptions et de comportements différents du sien.

Une négociation peut alors s'amorcer sur de bonnes bases. L'objectif de la société interculturelle n'est pas d'arriver à un consensus mou, mais à l'exercice d'une réelle autorité, une autorité comprise par les autres, relativisant les diktats culturels ou identitaires au nom du plus grand respect possible de la personne. Cette négociation a un nom : l'intégration. Il s'agit d'un processus qui doit conduire à une société où des personnes et populations d'origines différentes peuvent vivre ensemble en s'enrichissant mutuellement de leurs acquis culturels. L'intégration est une ligne politique souvent confondue, à tort, avec l'assimilation, qui consiste à transformer les autres en soi-même ; tout le travail d'adaptation est laissé à celui qui est en situation de faiblesse.

Une mise au point s'impose pour ne pas retomber dans les erreurs du passé : il s'agit de savoir ce que peut être l'intégration dans une société démocratique qui se débarrasse de ses réflexes assimilateurs. Les questions que posent l'interculturel et l'intégration ne sont pas réservées aux relations avec les populations migrantes, mais les migrations créent le champ où, pour les travailleurs sociaux, elles sont les plus problématiques. Le déplacement fait basculer les structures sociales auxquelles les migrants sont habitués dans ce qu'ils vivent comme un chaos, comme un processus destructeur. Entre « là-bas » et « ici », entre le passé miséreux ou dangereux, l'avenir rêvé et le présent ambigu, le choix est difficile.

Les migrations créent aisément des inégalités sociales, culturelles et juridiques entre une population installée de longue date et d'autres qui sont arrivées récemment. La distribution des ressources nationales (emploi, logement, école, formation, soins, Sécurité sociale...) ne se fait pas spontanément avec équité. La dimension culturelle n'est pas à négliger dans des domaines marqués par des déficiences structurelles. Les différences culturelles traversent une problématique socio-économique, la brouillent, la complexifient. Ceux qui disent que les tensions entre populations résultent des seules différences culturelles sont autant dans l'erreur que ceux qui prétendent qu'elles n'interviennent qu'accessoirement.

Le moins que l'on puisse dire, c'est que les professionnels et les institutions de l'action sociale ne se sont pas adaptés outre mesure à cette situation de plus en plus prégnante. La formation initiale a souvent préparé les travailleurs sociaux à agir dans des milieux sociaux et culturels homogènes. Dans certaines situations embarrassantes qui peuvent être vécues aujourd'hui, la générosité et l'ouverture d'esprit se montrent insuffisantes. L'improvisation et la confusion sont courantes, et parfois la crise d'identité professionnelle n'est pas loin [1] *.

Le travailleur social peut s'appuyer habituellement sur une bonne connaissance des rouages qui permettent de résoudre au mieux les problèmes posés. Mais, au-delà de la question pratique et de l'impératif d'efficacité, il a également un rôle pédagogique à jouer. Les mesures qu'il prend ou propose ne seront acceptées et ne contribueront à l'intégration que si elles sont comprises et modifient tant soit peu les comportements. C'est une affaire de dialogue. Mais entre populations d'origines culturelles diverses, le dialogue n'est pas toujours simple. Et pour pouvoir l'établir, il est important d'essayer de comprendre les éléments culturels qui nous échappent facilement.

La compétence professionnelle s'en trouvera améliorée. Les travailleurs sociaux qui en ont fait l'expérience se demandent même comment ils ont pu aussi longtemps négliger cette dimension de leur fonction. Car ils éprouvent, en prime, une satisfaction personnelle, pour ne pas dire un vrai plaisir, dans cette avancée relationnelle et intellectuelle.

* Dans le présent ouvrage, le rôle des notes n'est pas de renforcer le point de vue de l'auteur, mais de renvoyer à des lectures utiles à lire sur le thème en question.

---

1. *Cf.* Margalit COHEN-ÉMERIQUE, « Menace à l'identité des professionnels en situation interculturelle et leurs ressources », *in* Élisabeth PRIEUR, Emmanuel JOVELIN et Martine BLANC (dir.), *Travail social et immigration. Interculturalité et pratiques professionnelles*, L'Harmattan, Paris, 2004, p. 263-275.

1
L'INTÉGRATION, UN OBJECTIF DU TRAVAIL SOCIAL ?

De nombreux travailleurs sociaux évitent de parler d'intégration. Le terme a souvent été utilisé pour couvrir une autre réalité : celle de l'assimilation culturelle. Dire alors que l'intégration dans la société française de personnes et de familles menacées d'exclusion est un objectif du travail social relève pour beaucoup d'acteurs sociaux de la provocation. Surtout pour ceux qui sont les plus proches des immigrés. Le mot intégration évoque chez ces derniers une politique française d'acculturation forcée, imposée à des migrants originaires du tiers-monde, et surtout des anciennes colonies. Les travailleurs sociaux ne souhaitent pas s'inscrire dans cette tradition et en général évitent le terme d'intégration qui, en effet, couvre souvent une pratique assimilatrice.

Rendons néanmoins à l'intégration ses lettres de noblesse. Comme le remarque le Haut Conseil à l'intégration : « L'intégration n'est pas une notion réservée aux seules personnes étrangères ou d'origine étrangère, elle concerne chacune des personnes vivant en France et constitue l'élément fondateur du pacte social et du "vivre ensemble". » Nous sommes donc loin du projet d'assimilation des populations étrangères en vigueur dans un passé assez récent et de l'esprit de colonisation culturelle qui hante encore certains milieux.

Les travailleurs sociaux sont particulièrement concernés par la question : « Comment vivre ensemble sur un même territoire tout en étant et restant semblables et différents ? » Cette question a deux dimensions : celle de la nécessaire égalité et celle du tout aussi indispensable droit à la différence dans la vie sociale. La notion d'intégration évoque peut-être trop fréquemment l'idée d'assimilation culturelle, d'alignement sur les mœurs françaises, d'adaptation unilatérale (celle des étrangers). Prenant acte de cette forme de domination, on a introduit l'expression « droit à la différence ». Les inconvénients de l'emploi de ce terme n'ont pas tardé à se manifester avec la montée du communautarisme. Dans cet ouvrage, nous parlerons d'intégration, en sachant qu'il s'agit de marcher sur une crête, avec d'un côté la pente de l'assimilation et de l'autre celle du communautarisme.

Afin de ne pas retomber dans les pièges du passé, la réhabilitation de l'idée d'intégration nécessite certaines clarifications concernant le colonialisme, la recherche d'un modèle, le communautarisme... tous ces éléments qui ignorent que le monde a changé et oublient qu'il faut adapter son outillage d'analyse au monde d'aujourd'hui. Mais peut-être pourrons-nous aller plus loin : comment transformer ces pièges en tremplin pour une vie sociale enrichie par les différences culturelles [1] ?

Dépasser les modèles anciens

En finir avec le colonialisme

Bien souvent, les populations originaires de contrées anciennement colonisées ou faisant partie de minorités qui se considèrent comme telles voient rouge quand les Français parlent de l'intégra-

---

1. *Cf.* un ouvrage incontournable, sous la direction de Philippe DEWITTE : *Immigration et intégration. L'état des savoirs*, La Découverte, Paris, 1999.

L'intégration, un objectif du travail social ?

tion des populations étrangères. Naguère, l'attitude colonialiste consistait à imposer la culture européenne à des populations africaines, asiatiques, océaniques ou caraïbes pour créer et renforcer un lien de dépendance qui devait assurer la pérennité de l'entreprise coloniale. L'imposition d'une culture ou d'une religion, l'intériorisation de valeurs occidentales bourgeoises, voire de structures administratives et commerciales, devaient contribuer à intégrer de façon définitive des territoires dans la nation française ; l'intégration de populations francisées renforcerait la puissance de la nation.

Il va de soi que le rejet de cette assimilation forcée par les populations indigènes a fait partie du processus de décolonisation. De fait, quand une partie de ces populations a immigré en France, toute pression exercée sur elle pour adopter les habitudes, structures sociales et valeurs françaises a été interprétée comme relevant du même colonialisme.

Par ailleurs, il est vrai que quelques Français gardent une certaine nostalgie de l'époque coloniale qui, à leurs yeux, n'apportait que des bienfaits aux populations « sous-développées » et procurait à la France une situation de domination politique, sociale et culturelle. Le réflexe paternaliste du colonisateur n'est pas mort avec la décolonisation. Le fait que les régimes politiques issus de celle-ci n'aient pas toujours apporté beaucoup de prospérité et de démocratie fournit aux anciens colonisateurs le prétexte de donner des leçons aux résidents originaires des anciennes colonies et de suggérer de mettre leurs pays d'origine sous tutelle militaire ou économique. Tout cela accompagné d'une pression morale pour que ces populations deviennent « raisonnables » et abandonnent une culture jugée inadaptée aux temps modernes. Le meilleur moyen de sortir du « sous-développement » personnel ou collectif étant, selon cette vision, de devenir « comme nous ».

Dans le débat sur l'intégration, les uns et les autres ont du mal à se départir de ces vestiges du passé. Certains immigrés sont jugés « bien intégrés » par la société française, qui souvent oublie la part d'eux-mêmes qu'avec souffrance ils ont dû oblitérer pour être acceptés par la population dite de souche. Et bien qu'ils soient objectivement, à bien des égards, déjà intégrés, ils continuent néanmoins à subir l'injonction d'intégration, en dépit de leurs efforts. Chez d'autres, le terme évoque une atteinte à l'identité, une dévalorisation de leurs cultures et religions. Les descendants des tirailleurs dits sénégalais et des harkis, qui ont donné ou risqué leur vie pour la France, ont le droit d'être sceptiques à l'égard du discours français qui affirme les considérer comme des Français à part entière. Les uns ont dû repartir en Afrique à la fin de la guerre avec une retraite dérisoire et les autres ont été logés dans des camps de fortune, ségrégés de la population locale. L'esprit de colonisation est souvent tourné vers les minorités de l'intérieur de la France. Ainsi les gens du voyage s'entendent-ils parfois dire : « Sédentarisez-vous ! C'est dans votre intérêt et, en tout cas, vous vous assimilerez tôt ou tard. » La France a refusé de signer certaines conventions internationales consacrées au statut des minorités en jugeant qu'il « n'existe pas de minorités en France [2] ». La politique par rapport aux résidents étrangers ou nomades a toujours été celle de l'assimilation. Certains hommes politiques parlent toujours avec fierté de la « force assimilatrice » de la France pour désamorcer des peurs d'envahissement culturel qu'exprime surtout l'extrême droite.

Le travailleur social et l'usager originaire d'une ex-colonie doivent être conscients de l'existence de ce contentieux et ne pas en faire l'impasse. La colonisation fait partie sinon de leur passé personnel, du moins de l'histoire des sociétés auxquelles ils appartiennent et dans lesquelles ils ont été socialisés. Cela peut poser des problèmes : il n'est pas facile pour un anticolonialiste d'admettre que la colonisation passée fait partie de son héritage et qu'elle risque toujours d'influencer sa façon de se situer par rapport à l'ex-colonisé. De même qu'il n'est pas facile pour un travailleur social de s'entendre traiter de colonisateur quand, dans toutes ses activités, il se désolidarise de la tendance à considérer

---

2. Par exemple la Charte européenne des langues régionales ou minoritaires de 1998 toujours ni signée ni ratifiée par la France au 31 décembre 2008.

son pays et sa culture comme supérieurs aux autres. Il hérite d'un passé dont il ne se sent pas solidaire, mais qui peut peser, quoi qu'il fasse, sur ses relations avec les anciens colonisés.

Les réflexes qui font survivre la colonisation dans les relations sociales sont généralement inconscients et s'expliquent historiquement, mais ne sont pas précisément porteurs d'avenir. Dans ce débat, si l'on veut continuer à évoquer l'intégration, il faut que peu à peu la raison, la lucidité et l'humilité l'emportent sur la passion. Pour cela, il faut revenir souvent à la question : « Que voulons-nous réellement ? » Nous, c'est-à-dire les uns et les autres. Cela suppose une certaine rupture avec le passé, qui s'inscrivait trop dans une histoire rectiligne de la colonisation, marquée par des sentiments de supériorité et d'infériorité, de culpabilité ou de ressentiment.

Que voulons-nous réellement ? Conserver une ascendance sur les autres ou dialoguer sur un pied d'égalité ? Quelles sont nos perspectives communes ? Quelle est la société que nous voulons construire ensemble ? Que souhaitons-nous avant tout : la paix sociale ou des chances égales pour tout le monde ? Une organisation plus efficace de la démocratie ? Un état de la justice et de l'égalité plus réel ? Comment vivre ensemble entre gens de cultures et religions différentes ? Comment faire pour que les différences culturelles conduisent à nous enrichir mutuellement et non à nous regarder en chiens de faïence, ce qui tôt ou tard conduit à des affrontements ? Si ces questions peuvent faire l'objet de débats, les réponses qui seront esquissées ici permettront de considérer l'intégration non plus comme une incorporation coloniale mais comme la participation à un projet démocratique commun [3].

Modèle français ou modèle anglo-saxon ?

Dans le débat sur la place des communautés dans l'État-nation, le modèle français de l'intégration est souvent opposé au modèle anglo-saxon. En réalité, le modèle attribué aux Britanniques et aux

---

3. *Cf. Migrations Société*, volume 14, n° 81-82 (Dossier : « Colonisation, immigration, le complexe colonial »), mai-août 2002.

États-Unis n'est pas tellement connu mais sert néanmoins de repoussoir pour justifier le modèle français, caractérisé par l'intégration dans la société nationale d'individus et non de communautés. Cette intégration à la française est faite au nom du principe d'égalité et considère qu'accorder à une communauté un quelconque droit juridique ou un autre droit de pression sur ses membres conduirait à instaurer l'inégalité, par exemple entre les sexes. Chez les voisins anglo-saxons, on invoque plus facilement la liberté de s'organiser, d'intervenir sur la scène politique et de s'exprimer collectivement sur la place publique ; les représentants des communautés ethniques y sont beaucoup plus présents dans les partis politiques, les conseils municipaux et le Parlement. Ceci dit, les réalités dans les deux camps sont moins éloignées les unes des autres que les principes ne le laissent paraître [4].

Ni l'un ni l'autre des deux systèmes ne donne entière satisfaction, et cela se comprend. Ils ont été mis en place au fil du temps, en fonction de développements historiques, et l'histoire de chaque peuple, mais aussi de chaque époque, est différente. L'approche des pays occidentaux a été conditionnée par la naissance des États-nations au XIXe siècle et ce passé continue à exercer son influence dans le contexte mondial actuel, qui a modifié profondément le rôle des États-nations et la place des minorités [5].

Dans les pays anglo-saxons, sur le plan de l'intégration nationale, l'intégration culturelle paraît moins importante, au bénéfice du respect d'un cadre national dans lequel chaque groupe peut trouver sa place. Il va sans dire que ce cadre est surtout d'ordre juridique, mais exige néanmoins le respect de valeurs et de coutumes démocratiques qui assurent la permanence de ce cadre [6].

---

4. *Cf.* Andrea REA et Maryse TRIPIER, *Sociologie de l'immigration*, La Découverte, Paris, 2003.

5. Sur ces questions, lire, par exemple, le point de vue de Jean-Loup AMSELLE : *Vers un multiculturalisme français : l'empire de la coutume*, Aubier, Paris, 1996.

6. Aux États-Unis, en plus de la Constitution, les étrangers doivent respecter l'*American way of life*.

Les pressions pour s'assimiler culturellement y sont moins fortes mais, en conséquence, les étrangers y restent plus longtemps étrangers. Ces nations ont intégré dans leur mémoire collective une diversité d'origines ; on s'y souvient encore de l'arrivée de grands groupes d'immigrants, alors que les Français ont toujours considéré, à tort, leur société nationale comme une unité originelle et naturelle.

Paradoxalement, dans les pays anglo-saxons, l'individu n'est pas pour autant plus libre, parce que la prise en compte officielle de ses origines différentes peut l'enfermer dans un cadre socioculturel avec lequel il souhaite peut-être prendre ses distances. Quand il quitte son pays, l'émigré n'a pas nécessairement envie de retrouver les mêmes personnes ou les mêmes repères dans la société qui l'accueille. La conception française qui ne tolère officiellement aucun intermédiaire politique ou juridique entre le citoyen et l'État garantit au moins cette liberté d'échapper à l'emprise d'une communauté qui peut être étouffante. Le prix à payer par l'étranger est celui d'une restriction de l'exercice de droits coutumiers non conformes aux lois françaises. Bien que la stigmatisation soit officiellement interdite, l'étranger résidant en France est régulièrement renvoyé à ses origines par l'administration étatique, ce qui induit bel et bien, par des voies détournées, une forme de discrimination.

Mais un modèle d'intégration qui se réfère principalement à l'État-nation est devenu insuffisant dans un climat social de plus en plus marqué par la mondialisation et la requête de communautés plus proches des personnes.

L'intégration nationale, un modèle parmi d'autres

Contrairement à ce que l'idéologie nationaliste des XVIIIe et XIXe siècles affirmait, l'appartenance à la nation n'est plus aujourd'hui un lien incluant tous les autres : l'intégration n'est plus à comprendre exclusivement par référence à la société nationale. Si le lien à la nation reste réel et important, notamment sur le plan de l'existence de droits et de devoirs, et particulièrement celui de la protection sociale, c'est cependant loin d'être le seul.

Le lien des citoyens avec la nation est concurrencé « par le haut » par le lien avec l'Europe, mais aussi, par exemple, par le lien d'appartenance à une entreprise multinationale ou à une confession religieuse. « Par le bas », il peut être concurrencé, par exemple, par des mouvements régionaux et locaux, le mouvement féministe, une corporation professionnelle...

En effet, depuis longtemps, les grandes entreprises sont sorties du cadre national ; les communautés de chrétiens, musulmans, bouddhistes, etc. ne s'enracinent pas dans des territoires aux frontières étanches ; les paysans s'intègrent dans le monde agricole au-delà de la nation ; les étudiants en informatique n'ont cure des frontières nationales... L'ancienne image de l'individu face à la seule communauté ethnique ou nationale est devenue obsolète dans les sociétés occidentales. Mais elle n'est pas obsolète chez nombre d'étrangers, originaires de sociétés qui n'ont pas connu cette évolution historique.

Qui peut dire aujourd'hui qu'il s'intègre directement à la société nationale ? En pratique, le projet national assimilateur ne marche plus. Pour certains, il aurait marché dans le « bon vieux temps », où les Polonais et les Italiens (d'ailleurs « tous chrétiens et blancs ») se seraient intégrés sans problème majeur en France. Ils s'imprégnaient des valeurs fondamentales, grâce à l'école, au syndicat, au service militaire et, en ce qui concerne les immigrés chrétiens, grâce à l'Église catholique, c'est-à-dire à des institutions aujourd'hui disparues ou en crise. Mais ce mécanisme a-t-il fonctionné aussi bien qu'on le fait croire [7] ? À la question : « Qui parle encore aujourd'hui de l'intégration des Italiens en France ? » on pourrait répondre : « Les Italiens... » En a-t-on évalué le prix, non seulement en souffrances humaines, mais aussi en pertes culturelles ?

---

7. Il est instructif de lire à ce propos l'ouvrage de François CAVANNA, *Les Ritals*, Belfond, Paris, 1978.

L'intégration, un objectif du travail social ?

La société n'intègre plus : elle crée seulement les conditions pour que les individus puissent s'intégrer. À défaut de ces grandes institutions intégratrices, les nouveaux venus s'intègrent à présent plutôt dans un milieu, un groupe, un parti, une région, un quartier, une institution plus ou moins accueillants. Une entité collective, faisant elle-même partie d'un ensemble plus grand, sert d'intermédiaire pour l'intégration dans la communauté nationale. De la même façon que les citoyens s'intègrent en Europe à travers leur appartenance à la France ou au Pays basque, l'individu s'intègre à la nation ou à la région moyennant des appartenances nombreuses. Il peut y avoir aussi des lieux intermédiaires qui empêchent l'intégration dans des ensembles plus grands : une bande de voyous, un réseau mafieux, un mouvement sectaire, un mouvement intégriste...

Un des principaux lieux où se joue aujourd'hui l'intégration paraît être l'accès à l'emploi, c'est-à-dire un domaine où le rôle de l'État-nation est réduit. Pour les jeunes, un lieu d'intégration important reste l'école[8], mais celle-ci insiste moins sur la création d'un sentiment national commun que par le passé. Autre lieu où se déroule aujourd'hui l'essentiel de l'intégration : la cité, un lieu où la participation à la vie collective, les liens de voisinage et l'entraide ont remplacé les grands élans de patriotisme.

Pluralité des lieux d'intégration

Que dirait-on d'un chirurgien qui manie dans la salle d'opération des instruments d'une époque passée ? La plupart des outils pour analyser l'intégration sont devenus obsolètes depuis longtemps, mais les théories qu'ils ont inspirées continuent à circuler dans les milieux politiques, médiatiques et populaires. C'est comme si l'on adaptait la serrure à la clé dont on dispose. Ainsi, les travailleurs sociaux peuvent être encore influencés par certains

---

8. *Cf.* Françoise LORCERIE (dir.), *L'École et le défi ethnique : éducation et intégration*, ESF, Issy-les-Moulineaux, 2003.

La question interculturelle

discours sur les jeunes d'origine immigrée, qui seraient assis entre deux chaises, sur les inconvénients de la double appartenance, sur la nécessité de racines et de repères fixes, voire sur les méfaits des changements culturels, des mélanges et des métissages.

D'autres idées viennent heureusement renouveler l'analyse : nous sommes tous assis entre (ou sur) une multitude de chaises et cultivons l'appartenance multiple ; notre identité n'est pas enracinée dans une seule communauté porteuse d'une seule culture ou d'une seule religion, mais dans la synthèse tout à fait personnelle que nous faisons chacun de nos appartenances nationales, régionales, ethniques, professionnelles, religieuses, idéologiques... des appartenances qui ne sont pas toutes vécues en même temps, qui se succèdent, se chevauchent, interagissent, se contredisent, sans être nécessairement mortifères et sans conduire à la schizophrénie. Des milliards d'êtres humains vivent très bien en s'enracinant dans différents terroirs à la fois, en parlant plusieurs langues dès le berceau [9].

Chaque fois que se pose la question de l'intégration, il faut systématiquement se demander : « Intégration dans quoi ? » Dans le monde du travail ? Dans le quartier ? Dans la nation ? Dans une communauté religieuse ? Ainsi, il est possible qu'un individu soit bien intégré dans le monde du travail, mais pas dans le quartier où il habite. Il peut être exclu de la citoyenneté française mais être bien intégré dans une communauté religieuse avec des Bretons et des Haïtiens...

Les débats sur l'intégration s'inspirent encore souvent de l'idée que l'individu doit trouver une place stable dans un environnement social et culturel homogène. Pourtant, aujourd'hui, les individus doivent avoir la capacité de vivre au milieu de gens qui pensent, agissent, sentent d'une façon différente. Être à l'aise partout, au milieu de tous, c'est cela l'intégration de demain.

Mais ces différents niveaux d'appartenance, qui induisent une multiplicité de repères, suscitent des interrogations. La multiplica-

---

9. *Cf.* Claude HAGÈGE, *L'Enfant aux deux langues*, Odile Jacob, Paris, 1996.

tion des systèmes de repères ne conduit-elle pas à une relativisation généralisée ? N'y a-t-il pas là une des causes des crises d'identité dont semblent souffrir tant de contemporains ? Ne devenons-nous pas tous nécessairement schizophrènes en ayant à jouer des rôles complètement contradictoires au cours d'une même journée ? Faut-il préserver les jeunes enfants de cette multiplicité qui conduit, peut-être, à produire des adultes peu structurés ?

L'intégration est en fait à comprendre comme une sorte de réconciliation entre des sollicitations variées à l'infini. Peut être considéré comme intégré l'individu qui, à partir de cette multiplicité extérieure, crée une certaine unité stable intérieure.

Cela suppose, entre autres, que l'environnement social cesse de donner mauvaise conscience à ceux qui n'agissent pas avec la même logique dans toutes les sphères de leur existence. On n'agit pas dans le travail social avec une logique religieuse ni avec une idéologie politique, mais de façon autonome selon les règles de la profession, élaborées conformément à une déontologie, en vue de réaliser le bien de l'individu et d'une catégorie sociale. L'adaptabilité fait désormais partie de toute culture, nécessairement confrontée à d'autres.

Vaincre des peurs injustifiées

La peur des communautés

On pourrait faire un parallèle entre la peur de l'intégration chez les uns et la peur des communautés chez les autres. Les mêmes simplifications et abus de langage conduisent à des rejets qui ignorent toutes les nuances de la vie sociale.

Le mot « communauté » est utilisé dans le cas où des liens assez durables existent entre les membres d'un réseau, sans que cela suppose nécessairement une institutionnalisation. Ces liens ne sont pas seulement utilitaires mais reposent sur une sensibilité ou une idéologie partagées, soutenues par un attachement affectif. Souvent les membres se réfèrent à une histoire ou à un sort partagés. La communauté exerce généralement une pression assez forte sur ses membres, qui implique que l'on ne puisse pas rompre à la légère. L'exclusion peut ainsi être vécue dramatiquement.

Les rassemblements d'immigrés, qualifiés indistinctement de communautés, suscitent des appréhensions du côté des institutions et des autorités chargées de veiller sur l'unité indivisible de la République. Celle-ci vit et veut vivre avec la fiction juridique que l'État ne connaît que des individus, alors que la réalité sociale connaît de nombreux intermédiaires qui influent chacun, positivement ou négativement, sur l'intégration de leurs adhérents. On prête à chaque regroupement, à chaque association communautaire l'intention de vouloir introduire en France le communautarisme. Pourtant, dans la plupart des regroupements ethniques n'existe nulle aspiration à soustraire leurs membres au droit commun français. Les associations culturelles et les rassemblements religieux font les frais de cet *a priori* qui anime en général ceux qui ne connaissent pas le terrain concret.

Il est pourtant normal que se constituent des communautés, à l'intérieur de toute société tant soit peu volumineuse. Cela fait partie du besoin de proximité, de familiarité, du besoin de se retrouver avec des gens avec lesquels on partage une histoire ou une sensibilité. « Qui se ressemble s'assemble », dit l'adage populaire. La France, dans toutes les sphères de la société, est peuplée de ces rassemblements, plus ou moins lâches, qui correspondent à des besoins affectifs, religieux ou économiques essentiels. Les Français expatriés ne le contrediront pas...

Laisser vivre, donner la parole voire accorder des moyens aux communautés ne signifient pas tomber dans le piège du communautarisme. Il y a communautarisme lorsqu'une catégorie sociale se situe comme un État dans l'État, par exemple en imposant à ses membres des règles juridiques et des valeurs qui sont en contradiction avec celles de l'État national. C'est loin d'être le cas général et ce serait une erreur d'enfermer le débat dans l'alternative « ghetto ou assimilation ».

L'intégration, un objectif du travail social ?

Cela ne veut pas dire que le communautarisme n'existe pas. L'apparition de communautarismes ethniques ou religieux dans le paysage occidental, avant d'être un objectif en soi, marque une forme de rejet de la société occidentale. Dans cette perspective, le repli sur un milieu qui partage des valeurs contraires à celles de l'Occident doit protéger les familles contre la « contamination » des mœurs et valeurs de la société d'accueil. Avec cette dernière, certains milieux communautaristes auront un rapport purement fonctionnel, tolérant seulement d'elle ce qui est nécessaire ou utile à la vie matérielle.

Mais bien souvent, la peur du communautarisme s'appuie plus sur des fantasmes que sur la réalité sociale. Ces fantasmes enferment tous les juifs ou tous les musulmans ou tous les Blancs ou tous les Noirs dans une même case, ignorant le très large spectre de nuances que représente l'arc-en-ciel social et culturel.

Il peut ainsi être difficile pour un individu de se dire par exemple juif, parce qu'il craint que son interlocuteur ne l'enferme dans une case où il se confond avec les sionistes et les anti-Palestiniens, alors qu'il est peut-être propalestinien et anti-sioniste ! De même, un musulman peut hésiter à faire montre de son appartenance religieuse pour la simple raison qu'il craint d'être considéré comme un terroriste en puissance, même s'il combat l'intégrisme religieux. L'opinion publique ignore souvent les nuances, mais de ce fait même, en rejetant les concitoyens modérés dans un même élan que les extrémistes, elle donne à ces derniers un poids qu'ils n'ont pas.

Il se peut d'ailleurs que ce soit les observateurs extérieurs, et surtout les administrations, qui enferment un groupe d'individus dans une communauté. L'assignation à communauté, la stigmatisation, est contraire au projet d'intégration dans la société française. Il peut en effet être pénible pour un étranger d'être tout le temps renvoyé à son origine et d'être en représentation pour « sa communauté » ou sa culture d'origine, avec lesquelles il a peut-être pris ses distances. Ainsi, à la question posée par un travailleur social à un jeune d'origine algérienne : « D'où viens-tu ? » celui-ci répond : « D'Aubervilliers. » Ce n'est peut-être pas la réponse souhaitée par l'intervenant, mais elle lui a fait comprendre que le jeune homme refuse de se définir d'abord par l'origine géographique de ses parents. L'assignation à une communauté sous-estime la capacité des étrangers à faire leurs propres choix culturels prioritaires.

Cette opinion, qui ne reconnaît plus les individus mais seulement des communautés, est aux antipodes de l'humanisme. Le travailleur social, l'éducateur et l'enseignant doivent savoir que la réalité est bien plus complexe et bien plus humaniste chez la majorité des citoyens que ce que montre la télévision.

La réalité sociale montre que toutes les communautés ne tombent pas dans le piège du communautarisme. Au lieu de mettre dans le même sac toutes les associations et tous les rassemblements ethniques, culturels et religieux actifs dans les milieux immigrés, il serait utile de faire la distinction entre ceux qui prônent des conduites contraires à certains principes fondamentaux de la République (l'égalité des sexes, la liberté d'expression, de sa religion...) et ceux qui défendent des droits tout à fait légitimes (respect de leur culture, de leur langue, de leur religion...).

Peut-être serait-il également utile de se demander si le fait que les liens communautaires prennent parfois tant d'importance n'est pas à relier au fait que les institutions françaises ont insuffisamment joué leur rôle d'intégration. Souvent, c'est parce qu'elles n'ont pas trouvé auprès de ces institutions l'aide recherchée que les populations concernées font appel à leurs compatriotes pour résoudre leurs problèmes et qu'elles transforment une étiquette encombrante en identité revendiquée.

Il importe donc de distinguer communautaire et communautariste. Le critère qui fait entrer une communauté dans la catégorie du communautarisme est la subordination des intérêts, des valeurs et de l'accès aux ressources de la République au projet communautaire.

La peur du métissage

Aucune société n'est parfaitement homogène ni totalement hétérogène. Cependant, l'idée que l'homogénéité de la société serait la norme et le métissage une déviance est encore très présente dans l'opinion publique mais aussi dans les discours politiques voire scientifiques. En effet, les mélanges de cultures et de populations ont tendance à être considérés comme des épiphénomènes, tout au plus tolérés. Certains milieux portent un jugement de valeur négatif sur tout ce qui n'est pas « pur » d'origine, par exemple un patois, un(e) métisse, un Français qui n'est pas « de souche ». Les études sur l'acculturation sont relativement rares en France, par rapport à d'autres pays, ce qui ne facilite pas la création d'un outillage conceptuel applicable à la société moderne et ne contribue pas à modifier le discours traditionnel sur ces questions. Il est par ailleurs curieux de constater que même au Brésil, nation métissée par excellence, l'anthropologue se consacre surtout à étudier les tribus indiennes restées à l'écart des mouvements de population et de l'industrialisation. Pourtant, la volonté de Hitler d'épurer le peuple allemand a eu les conséquences que l'on connaît.

Une grande partie de l'Asie ne connaît pas cette obsession de la pureté. Dans le taoïsme, le yin et le yang sont complémentaires ; il y a toujours un peu de yin dans le yang et réciproquement. Aucune réalité n'y est pure, et c'est cela qui crée le mouvement, le dynamisme.

L'État français s'est pensé traditionnellement comme culturellement homogène. Il a longtemps nié l'existence de minorités au sein de la nation [10]. Pourquoi cette peur du métissage et cette obsession de la pureté ? Serait-ce parce que, à l'inverse du clonage,

---

10. Il est utile de lire à ce sujet les ouvrages de Suzanne CITRON sur les origines de la nation française, notamment : *L'Histoire de France autrement*, L'Atelier, Paris, 1992 ; *Le Mythe national. L'histoire de France en question*, Éditions ouvrières, Paris, 1987.

de la reproduction à l'identique, où l'on connaît d'avance le résultat, le métissage crée du nouveau, de l'inconnu ? Pourtant, la plupart des progrès humains sont les fruits de métissages. On peut même considérer l'origine de la vie humaine comme impure, au sens où elle est le produit d'un mélange entre un homme et une femme. D'une certaine façon, chaque enfant qui naît est un métis. Dans le métissage, on reconnaît la pluralité des origines : j'ai le nez de mon père et les yeux de ma mère. De même, toute langue est créole : le français vient du mélange du bas latin avec le gaulois, puis avec le franc. Les ancêtres des Français dits « de souche » n'étaient pas seulement gaulois, mais encore francs, avec des apports wisigoth et romain [11]. La recherche d'une origine pure, unique enferme dans une impasse ceux qui s'y engagent.

Il existe aussi une dimension politique : les discours construits sur l'authenticité sont rarement dénués d'arrière-pensées politiques et le métissage n'est pas rejeté pour les mêmes raisons par les majoritaires et les minoritaires. La référence à une origine unique permet à une majorité de marginaliser les minoritaires qui ne seraient pas, par exemple, à ses yeux d'authentiques Français. À l'inverse, les minoritaires ont besoin d'une référence unique pour ne pas disperser leurs forces pour résister à l'oppression de la majorité.

L'intégration, un processus actif

Une évolution constante

Nous distinguons trois types de sociétés : prémoderne, moderne, postmoderne. Les sociétés prémodernes sont traditionnelles et/ou collectivistes ; le poids du passé et le souci de cohésion sociale y réduisent à un rôle secondaire l'avenir et l'épanouissement personnels. La société moderne est celle dans laquelle nous

---

11. *Cf.* François LAPLANTINE et Alexis NOUSS, *Le Métissage*, Flammarion, Paris, 1997 ; *Hommes et Migrations*, n° 1231, mai-juin 2001 (dossier : « Mélanges culturels ») ; et Gilles VERBUNT, *La Société interculturelle*, Le Seuil, Paris, 2001.

vivons aujourd'hui, en Occident, et la société postmoderne quant à elle est en gestation ; parmi ses caractéristiques : la valorisation de l'irrationnel, de l'esthétique, de l'émotionnel et de l'égoïsme tribal. Ce sont des *idéaltypes*, c'est-à-dire des concepts, des constructions intellectuelles qui permettent de comprendre les sociétés existantes, mais qui probablement n'existent nulle part à l'état pur. Une société n'est jamais ni totalement traditionnelle, ni absolument collectiviste, ni totalement moderne, mais penche plus vers un pôle que vers l'autre. Les migrants ne sont que rarement originaires de sociétés de pure tradition, et notre société moderne a conservé nombre d'éléments qui caractérisent plutôt la société traditionnelle.

Aucune société, aucun groupe ne peuvent se passer de normes, de mœurs, de rites, d'un langage. L'appartenance d'un membre au groupe est conditionnée par le partage de certaines valeurs, l'adoption d'un certain mode de vie. Ce qui a changé avec l'avènement de la société moderne, c'est que pour chaque personne les systèmes de repères sont devenus nombreux. Mais à l'intérieur de chaque milieu se reproduit souvent l'« esprit du village » : normes, valeurs, langage, symboles, comportements sont imposés à chaque membre du groupe. Chez IBM, les salariés ne s'habillent pas comme à l'université. Les valeurs professionnelles des travailleurs sociaux ne sont pas identiques à celles des commerçants ou des artisans.

En changeant de milieu, on change de « village ». L'individu dans la société moderne ne relève plus vingt-quatre heures sur vingt-quatre du même contrôle social par les mêmes voisins. Si jamais le « village professionnel » lui pèse trop, il peut changer de métier ; s'il a perdu sa bonne réputation dans son quartier, il peut déménager... Il est devenu moins dépendant de chaque milieu d'appartenance. Son adhésion à la culture d'un milieu est réelle, mais pas totale. Il peut s'identifier *grosso modo* aux objectifs, mœurs, langage d'un milieu, mais il gardera toujours peu ou prou du recul par rapport à cette culture. C'est ce qui permet d'ailleurs au groupe, au milieu, à la culture d'évoluer.

Sur le plan individuel, l'identité exprimera la façon personnelle dont l'individu fait la synthèse de ses différentes appartenances, comment il peut être par exemple à la fois chrétien, policier, français de gauche et père de famille. Des conflits peuvent surgir, soit entre groupes en concurrence, soit pour l'individu qui doit répondre à des impératifs contradictoires. Dans le milieu professionnel, les collègues apprécieront négativement ou positivement certaines influences religieuses ; dans la communauté chrétienne, les croyants pourront juger que quelqu'un tient des propos trop matérialistes ; dans le voisinage, les habitants trouveront qu'untel n'a pas le modèle de voiture conforme aux normes du quartier...

L'intégration n'est donc pas d'abord un acquis statique, mais un processus actif, dynamique, jamais achevé. Les juifs étaient bien intégrés en Allemagne jusqu'à l'arrivée au pouvoir de Hitler. Depuis les attentats du 11 septembre 2001, l'intégration des Arabes aux États-Unis est devenue beaucoup plus difficile. Une famille jugée « bien intégrée » peut soudain perdre cette étiquette si le père se retrouve au chômage, n'arrive plus à payer le loyer ou si le fils devient délinquant ou toxicomane. Pourtant, on laisse croire que pour certains groupes la question de l'intégration ne se pose plus.

L'intégration est aussi un processus complexe. Les lieux d'accueil sont en interaction avec des catégories : l'informaticien indien peut être très bien intégré dans son circuit professionnel sans savoir parler un mot de français ; une militante syndicale portant le foulard peut être très bien intégrée dans son syndicat ; une employée de maison philippine peut être très bien intégrée dans une famille française parlant l'anglais...

L'interaction des lieux et des groupes fait que, peu à peu, les situations évoluent et se diversifient encore plus. L'informaticien indien peut tomber amoureux d'une Française, les enfants de la militante au foulard peuvent la convaincre de ne plus le porter, l'employée de maison anglophone peut souhaiter entrer à l'université et se mettre à l'étude du français... Car l'intégration est un processus avant d'être un résultat.

Comme dans une réaction en chaîne, une intégration peut en entraîner une autre, de même qu'une exclusion peut conduire à une autre. La multiplication des lieux d'intégration ne signifie donc pas qu'il y ait des sphères existentielles imperméables les unes aux autres. Certaines femmes immigrées qui sont en France contre leur gré le ressentent ainsi : en apprenant à parler ou écrire la langue française, elles mettent un doigt dans un engrenage dont elles redoutent le résultat final.

L'adhésion au processus intégrateur n'est pas seulement une question de génération. On a tendance à schématiser trop rapidement en parlant de première, deuxième, troisième génération. Bien des jeunes aident ou forcent leurs parents à évoluer ou, au contraire, à retourner à la tradition, et il en va de même pour les familles entre elles. Il n'est pas rare que la troisième génération se trouve plus soucieuse de la tradition des ancêtres que la première !

La dynamique affective

Chez les étrangers, la volonté d'intégration dépend beaucoup des liens d'amitié qu'ils ont pu créer avec des voisins, des militants, des travailleurs sociaux, ou bien des liens amoureux, fiançailles ou mariages mixtes. Rien de tel pour apprendre la langue française et se conformer de bon gré à des habitudes « étranges » que de tomber amoureux ! L'amitié et l'amour fournissent des motivations fortes pour s'intégrer. L'accueil premier est souvent décisif, ce dont la police des frontières ne se rend peut-être pas toujours bien compte. Mais la dynamique affective intervient tout au long de l'existence et non pas seulement lors de l'accueil. C'est ignorer l'importance du facteur relationnel dans le processus d'intégration que de mettre l'accent, dans l'accueil, sur un contrat de type juridique, une formalité à laquelle on peut d'ailleurs consentir sans se sentir très engagé.

Les *boat people* et autres réfugiés du Sud-Est asiatique étaient très reconnaissants envers la nation qui les avait fait sortir des camps indonésiens ou thaïlandais et qui les accueillait, souvent en leur accordant une aide financière et un logement à leur arrivée. Ils prenaient soin de ne pas offenser les mœurs des Français et de ne pas déranger leurs hôtes. L'opinion a ainsi eu tendance à juger qu'ils s'intégraient mieux que ceux qui se faisaient entendre et avaient des revendications.

Deux conceptions de l'intégration s'affrontent donc. Chez les uns, la limitation des points de contact avec la population française limite aussi les points de friction ; mais le souci de ne vouloir gêner personne peut conduire à une absence de relations. Les autres imposent leur présence, veulent créer des liens, revendiquent une place, font bruyamment reconnaître qu'ils existent et ont des droits. Chaque groupe, selon sa culture, se juge bien ou mal intégré. Il en va de même des Français : les uns apprécient la non-manifestation des uns et condamnent le bruit que font les autres ; d'autres préfèrent une relation chaleureuse ou tendue à une absence de relation.

La plupart des milieux d'appartenance sont possessifs. Le discours identitaire enferme les individus dans un milieu restreint qui, certes, permet peut-être une forte vie relationnelle mais qui est fondé sur l'exclusion des autres. Dans ces milieux, c'est un péché de relativiser l'appartenance, de dire qu'il y a des choses positives chez le voisin, de chercher des compromis et de vouloir échapper à un choix absolu. L'aboutissement de ce raisonnement manichéen est la sentence : « Qui n'est pas pour nous est contre nous. »

Les migrants peuvent en ressentir les effets quand ils veulent se faire naturaliser ou s'engager dans un mariage dit mixte. Dans certains milieux, tout ce qui peut affaiblir la cohésion culturelle est considéré comme une trahison. Les termes de « pur » et d'« authentique » sont des indicateurs de cette conception de l'identité. Conception erronée car aucune population du monde ne peut se prévaloir d'avoir totalement échappé au mélange avec d'autres. Par ailleurs, les individus qui ont osé sortir de ces ornières identitaires l'ont souvent vécu comme une libération.

Mais il n'est pas facile de sortir du « culturellement correct », si je dois en croire un débat récent entre femmes immigrées sur la « double culture » auquel j'ai assisté. Lors de ce débat, certaines femmes ont déclaré qu'elles vivaient un conflit interne permanent, tiraillées entre les cultures maghrébine et française. Et elles ont exprimé ce malaise dans des termes consacrés : « double identité », « déchirement », « schizophrénie »... Quelques femmes ont quant à elles essayé de dire qu'elles vivaient très bien avec les deux cultures, qu'elles n'étaient pas du tout déchirées mais qu'au contraire elles se sentaient heureuses de pouvoir bénéficier d'apports culturels variés. Le jugement de l'animatrice du débat fut catégorique : ces dernières femmes avaient opéré des refoulements. Seule l'expérience malheureuse était censée être culturellement correcte.

Les processus d'intégration ne se déroulent pas à l'identique dans tous les milieux français. Il y a des quartiers où existe depuis des générations une tradition d'accueil mais il y a aussi des municipalités qui font tout pour décourager des étrangers ou citoyens modestes de s'installer chez elles. L'absence de terrain de stationnement décent pour les gens du voyage ou les pétitions qui circulent dès qu'une municipalité pense construire un foyer pour travailleurs jeunes ou immigrés en sont des signes probants. Les signataires de pétitions sont probablement ceux qui reprochent avec le plus de véhémence aux immigrés et aux Tsiganes de ne pas vouloir s'intégrer... Si un milieu ou un quartier considère son territoire comme une chasse gardée, l'intégration d'éléments étrangers s'avère difficile. Des « gens de la ville » allant habiter dans certains villages français peuvent en faire pareillement l'expérience.

À l'inverse, on peut évoquer le cas de paysans sénégalais immigrés qui ont trouvé, dans le cadre d'initiatives de développement, un bon accueil chez des paysans français... Il y a des lieux où existe une longue tradition de cohabitation, et d'autres où l'on craint l'arrivée massive d'immigrés rituellement annoncée par l'extrême droite.

La précarité : un frein à l'intégration

Les situations précaires de nombre de familles d'origine étrangère sont-elles dues à des causes culturelles ou structurelles ? Les familles migrantes ont-elles des difficultés à trouver un logement parce qu'elles ont une culture de l'habitat différente, parce qu'il n'y a pas suffisamment de logements sociaux ou parce qu'il existe une discrimination dans leur attribution ? Les jeunes issus des migrations ne trouvent-ils pas d'emploi parce qu'ils n'ont pas la culture nécessaire ou parce que le marché de l'emploi est dégradé ? Dans les domaines du logement, de l'emploi, de l'éducation, les familles migrantes connaissent-elles les mêmes problèmes que les familles de l'Hexagone ou bien leurs difficultés sont-elles spécifiques ?

La société d'accueil doit, en tout état de cause, sortir du discours moralisateur « ils n'ont qu'à... » et « il n'y a qu'à... » totalement inadapté et inutile. Il existe un certain nombre de facteurs d'ordre structurel qui font que des étrangers désirant s'intégrer en France n'y arrivent pas et que d'autres, voulant résister à l'intégration, se trouvent intégrés de fait.

Les culturalistes ont tendance à attribuer à la culture ou aux différences culturelles tous les maux de la société et à considérer l'éducation comme la seule voie possible pour résoudre les problèmes d'inégalités. Leurs opposants ont tendance à attribuer ces maux aux déséquilibres sociaux, aux inégalités de traitement des individus et des groupes en fonction de leur appartenance à une catégorie ou une classe sociale. Pour eux, la solution est à rechercher prioritairement dans l'action politique collective et la lutte contre les inégalités et les discriminations.

Mais que l'on soit culturaliste ou structuraliste, la dimension personnelle des individus est également à prendre en compte. Les étrangers de même origine ne partagent pas nécessairement les mêmes valeurs, le même comportement. Certains accordent plus que d'autres de l'importance à la qualité de l'habitat ; certains envoient plus d'argent dans leurs familles « là-bas » que d'autres ;

certains investissent dans une voiture prestigieuse là où d'autres dépensent plutôt pour une bonne alimentation... Ces choix ont souvent une dimension culturelle, par exemple l'importance de marquer le statut social, mais leur réalisation concrète dépend surtout de choix individuels.

L'extrême précarité produit une déculturation plutôt qu'une acculturation. La culture de celui qui pendant longtemps ne mange pas à sa faim, ou du père de famille qui n'arrive pas à nourrir les siens, devient une culture de survie. Celle-ci n'est pas caractérisée par un comportement conforme à certaines valeurs et à un projet de vie, mais par le souci de survivre jusqu'au lendemain. C'est une culture destructurante : elle atteint l'estime de soi, produit une perte des repères temporels et spatiaux, dégrade la santé et déstabilise toutes les relations avec les autres.

Un cas typique de cette situation de détresse est fourni par des personnes immigrées originaires de régions pauvres, qui étaient déjà des exclus de la culture de leur pays et qui ne parviennent pas non plus à se structurer dans une nouvelle culture. Un cas comparable concerne certains chômeurs de longue durée qui, s'ils ne s'astreignent pas à une discipline de vie rigoureuse, perdent le sens du temps à force de ne plus être soutenus par aucun cadre contraignant. Dans ce dernier cas, on pourrait parler de culture de la misère [12], qui est en fait une absence de culture.

La plupart du temps, et selon des modes différents, la précarité freine l'acculturation et l'intégration, mais ne les évacue pas définitivement. Cependant, pour les travailleurs sociaux, la pédagogie à mettre en œuvre n'est pas identique à celle qui doit aider au passage d'une culture à une autre. Une personne peut arriver en retard au rendez-vous parce qu'elle n'arrive plus à gérer

---

12. Cette forme de vie est décrite, par exemple, dans l'ouvrage classique d'Oscar Lewis, *Les Enfants de Sanchez*, Gallimard, Paris, 1978. Le terme « culture de la misère » est préférable à celui de « culture de pauvreté » ou de « culture du pauvre », popularisé par les ouvrages de Richard Hoggart (*La Culture du pauvre*, Minuit, Paris, 1991) qui est en fait la description d'une culture tout à fait réelle de la classe ouvrière anglaise.

correctement son temps ou bien parce qu'elle gère son temps autrement. Le premier cas relève d'une (ré-)éducation, le second d'une négociation.

La précarité due à l'insécurité passagère peut aussi être un frein à l'intégration. Est-il utile d'insérer un étranger dans un dispositif de formation alors qu'il est dans une situation administrative incertaine ? Est-ce que la question de l'obtention ou du renouvellement des « papiers » ne va pas le rendre inaccessible à tout autre discours ? La question mérite une attention portée à chaque situation précise. De même, les sentiments d'insécurité « culturelle » peuvent entraver l'intégration : la vue de familles disloquées, la violence à l'école, l'absence de religion, l'abandon des parents âgés peuvent faire conclure à une absence de valeurs chez les Européens et conduire à un rejet total de la culture française et à un repli frileux sur une culture d'origine idéalisée. Dans tous les cas, avant d'aborder les questions culturelles, il s'agit de régler les questions administratives ou de rassurer les personnes qui se sentent menacées.

La réalité sociale ne se découpe pas en tranches. Il n'y a pas de causalité unique dans une problématique complexe. Nier la complexité des causes de tensions conduit à négliger soit les atavismes culturels, soit le piètre état de certaines ressources nationales, soit les mécanismes de la discrimination, soit le choix des individus. Face aux problèmes d'emploi, de logement, de santé... les travailleurs sociaux doivent tenir compte à la fois de la dimension culturelle, qui peut varier d'une catégorie à l'autre, et de la dimension structurelle, commune à plusieurs catégories sociales. Cette double prise en compte ne fournit pas la solution aux problèmes mais contribue à les traiter de façon adéquate.

Par exemple, la question de l'habitat ne doit jamais être dissociée des politiques locales, de l'état du parc de logements, de la demande et de l'offre à un certain moment, du niveau des loyers, de la possibilité d'accès à la propriété, des mécanismes de discrimination. Au lieu d'attribuer exclusivement certains phénomènes à la volonté des migrants de se regrouper, une analyse plus respectueuse de la complexité du problème insisterait sur les causes

L'intégration, un objectif du travail social ?

structurelles de ce phénomène. Dans ce cadre objectif, des acteurs sociaux peuvent avoir des comportements différents en fonction de leurs dispositions et préférences, qualités et défauts personnels. L'action la plus efficace est donc celle qui s'attaque à la fois aux causes structurelles et culturelles, tout en prenant en compte la singularité des comportements individuels.

Mémoires et projets

L'identité combine un passé, un présent et un avenir. Les trois dimensions sont essentielles. La dimension du passé est souvent imaginée comme un retour aux sources, si ce n'est aux racines. Ces termes ne doivent cependant pas faire oublier que chaque individu n'est pas seulement le produit de déterminations et de gènes, mais autant de ce qu'il veut, peut et doit être. Les images empruntées à la nature sont toujours parlantes mais rarement justes quand il s'agit de comparer l'homme à un élément naturel. L'homme, même le « Français de souche », n'est pas enraciné dans une terre comme un arbre. Il peut bouger. D'ailleurs, il change en permanence de racines, en ajoute, en retranche, travaille sur elles. C'est pour cela qu'il est préférable de parler d'ancrage [13] ou de mémoire.

Le travail sur la mémoire est essentiel pour une construction identitaire. Un travail qui doit être sérieux, parce que, au lieu de la construire le plus possible sur des faits, sur l'Histoire, la tentation existe toujours de construire une mémoire imaginaire à partir d'une idéologie ou d'un projet. Lorsqu'un individu veut à tout prix s'intégrer dans un groupe, il réussit presque toujours à trouver un ancêtre niché dans son arbre généalogique imaginaire qui lui permet de se réclamer d'une filiation reconnue par ce groupe.

La plupart des parents immigrés parlent peu, voire jamais, de leur expérience migratoire avec leurs enfants. Ceux-ci ne connaissent le phénomène de l'immigration qu'à travers les médias

---

13. *Cf.* Thérèse MORO dans la préface à l'ouvrage de Marie Rose MORO, *Enfants d'ici venus d'ailleurs. Naître et grandir en France*, La Découverte, Paris, 2002.

et doivent deviner les souffrances endurées par leurs parents, les aspirations déçues, les renoncements opérés. Des films et programmes de télévision récents ont contribué à faire prendre conscience de cette carence [14]. Les éducateurs et autres travailleurs sociaux ont tout intérêt à reconstituer avec les jeunes l'histoire concrète des familles. Cela peut les aider à capitaliser leur expérience et à la transformer en atout, et c'est aussi un moyen de les réconcilier avec leurs parents.

Il ne suffit pas d'éclaircir son passé ; encore faut-il savoir ce que l'on va faire avec. L'identité est une tension vers l'avenir et non un état statique [15]. Pour le jeune, ce sera la recherche de sa place dans la société, puis le choix d'un conjoint, puis… Le processus existe à tous les âges, mais est particulièrement crucial à l'adolescence. Contre le « Je suis comme cela » des jeunes défaitistes, le pédagogue peut sagement opposer le « Tout homme est perfectible » du vieux Confucius (Ve siècle avant notre ère) [16].

Un état difficile à évaluer

Sur la base de quels critères peut-on dire de quelqu'un qu'il est bien intégré ? Un individu sera considéré bien intégré par les habitants de son immeuble parce qu'il ne dérange personne et joue aux boules avec les voisins ; par des militants syndicaux parce qu'il participe aux manifestations ; par les administrations parce qu'il fait correctement toutes les démarches pour être partout en règle ; par son employeur parce qu'il se comporte comme les autres membres du personnel… Chacun juge à l'aune de critères que lui inspire le contexte de la rencontre.

---

14. Surtout grâce à la cinéaste Yamina BENGUIGUI.
15. *Cf.* Jean-Claude KAUFMANN, *L'Invention de soi. Une théorie de l'identité*, Hachette littératures, coll. « Pluriel », Paris, 2007.
16. *Cf. Migrations Société*, volume 14, n° 84, novembre-décembre 2002 (dossier : « Mythe(s), mémoire(s), histoire(s), identité(s) ») ; et *Hommes et Migrations*, n° 1247, janvier-février 2004 (dossier : « Vers un lieu de mémoire de

L'intégration, un objectif du travail social ?

Le critère le plus communément adopté en France est linguistique : parler bien ou mal le français est pour beaucoup la preuve la plus importante de la volonté ou de l'absence de volonté d'intégration. Un étranger qui ne veut pas s'intégrer en France parce qu'il est venu contre son gré peut manifester son refus d'intégration en refusant d'apprendre le français[17]. Le refus ou la volonté d'apprendre la langue du pays d'accueil sont effectivement des signes, mais des Chinois à Paris, à l'instar des informaticiens pakistanais et indiens, se sont trouvés eux-mêmes parfaitement intégrés, parce qu'ils gagnaient correctement leur vie, tout en ne parlant pas un mot de français. En revanche, d'autres étrangers qui maîtrisent parfaitement la langue française peuvent rester complètement marginaux.

Tous les milieux sociaux n'ont pas une idée identique de ce qu'est l'intégration, comme le montrent les deux exemples qui suivent.

Voici ce que raconte une sociologue, originaire de Phnom-Penh, lors d'un séminaire sur les familles qui ont fui le régime de Pol Pot : « Quand je vais à la pagode au bois de Vincennes, le dimanche matin, je vois toutes ces femmes khmères bien habillées, avec des manteaux de fourrure et des bijoux en or, je me dis qu'elles sont bien intégrées... » En quoi les manteaux de fourrure et les boucles d'oreilles en or seraient-ils la preuve d'une bonne intégration dans notre société ? Ma collègue cambodgienne sait-elle ce qu'est l'intégration ? Une amie vietnamienne m'a donné la clé du mystère : « Les manteaux de fourrure et les bijoux prouvent que les femmes et leurs maris gagnent bien leur vie, donc sont bien intégrés dans un milieu commercial ou professionnel. Ils se

---

l'immigration »). *Cf.* également Jacques HASSOUN, *Les Contrebandiers de la mémoire*, La Découverte, Paris, 2002.

17. Sur les motivations à apprendre ou ne pas apprendre le français, voir Gilles VERBUNT, *Apprendre et enseigner le français*, L'Harmattan, Paris, 2006 (en particulier le chapitre 1 : « Pourquoi apprendre le français ? »).

considèrent eux-mêmes comme des citoyens actifs ; ils ne vivent pas de la charité publique ; ils sont, avec leurs épouses et leurs enfants, des éléments positifs qui contribuent à la prospérité de la société où ils vivent. Leurs enfants feront probablement des études, et c'est à travers eux que s'accomplit leur intégration. Pas tellement par l'apprentissage de la langue. Ils se considèrent eux-mêmes déjà comme parfaitement intégrés. »

Une association américaine, qui lutte contre la toxicomanie en offrant un hébergement provisoire et des moyens de substitution aux jeunes toxicomanes, fait appel au mécénat. En effet, pour mener cette lutte, il faut de l'argent et aux États-Unis le mécénat donne plus de moyens que l'État. Voici, traduite, la dernière phrase du dépliant : « Ainsi, en nous adressant vos dons, vous aiderez ces jeunes hommes et femmes à devenir des contribuables (tax payers) normaux. » Les voies de l'intégration ne sont pas les mêmes partout, ni ce qui est considéré comme un signe d'intégration.

La variété sociale des immigrés est grande et la typologie par nationalité que chérissent les administrations (les Algériens, les Portugais...) est beaucoup trop générale ; l'étiquette nationale n'a qu'une portée toute relative, comme toute autre étiquette désignant une classe sociale, une ethnie ou une religion. Mais la déontologie républicaine interdit aux statisticiens d'inclure dans les recensements ces trois autres critères. Le processus d'intégration ne se déroule pas pour tout le monde dans les mêmes conditions. Les appartenances sont multiples et se croisent entre elles en se hiérarchisant. Parmi ces appartenances, il est possible par exemple de prendre en compte la nationalité, l'ethnie, la religion, la catégorie socioprofessionnelle, le sexe, la classe d'âge, le type de motivation au départ... Chaque fois, les solidarités en jeu sont séparées et différentes. Or, les confusions et projections sont nombreuses. Les Turcs qui n'ont jamais été colonisés et que l'on confond avec les Arabes en font la triste expérience...

L'expression « travailleurs immigrés » conduit facilement à des confusions. Étant français, les Antillais n'en font pas partie. Pourtant, la situation faite aux Antillais noirs (il y a aussi des Antillais

L'intégration, un objectif du travail social?

blancs!) est comparable à celle des Africains lorsqu'il s'agit de contacts avec des logeurs ou des employeurs sensibles à la couleur de la peau...

Dans ce domaine de l'emploi, si l'on veut examiner les conditions d'intégration, de marginalisation ou d'exclusion d'un groupe, il y a donc différents niveaux d'analyse, tenant compte de la situation ethnique à l'intérieur d'une catégorie sociale. C'est-à-dire que, à l'intérieur d'une catégorie sociale particulièrement exposée au chômage, des discriminations spécifiques peuvent toucher les Noirs en général et les Africains en particulier. Mais il faudrait aussi distinguer, parmi les Africains et les Antillais, les hommes et les femmes, les citadins et les ruraux, les anciens colonisés par la France et ceux de tradition anglophone, les Maliens et les Togolais, les Bambara et les Peuls... Un étudiant en psychologie d'origine sénégalaise aura probablement plus d'atomes crochus avec un co-étudiant égyptien qu'avec un paysan sénégalais; mais il se sentira proche de ce dernier lorsque l'équipe de football sénégalaise bat l'équipe française. Une employée de maison philippine et catholique se sentira tantôt proche de sa patronne philippine, tantôt de sa collègue maghrébine, tantôt d'une chrétienne française... Une assistante sociale qui est aussi mère de famille pourra se sentir spontanément plus proche d'une maman africaine qu'un travailleur social masculin...

En plus de la nationalité, de l'ethnie, de la catégorie sociale, de la religion, de l'origine culturelle, nous pourrions faire une classification selon les raisons de l'émigration. Les motivations du départ ne sont pas les mêmes pour les réfugiés politiques et pour ceux que l'on peut appeler les réfugiés économiques; pour les hommes et pour les femmes, pour les jeunes aux motivations diverses et pour les pères de famille soucieux de nourrir leur famille. Une jeune femme qui a émigré pour échapper à un statut discriminatoire sera plus ouverte à la culture moderne qu'un notable qui tire son prestige d'un statut traditionnel. Il paraît *a priori* plus facile pour un intellectuel immigré de prendre du recul par rapport à sa propre culture, de comprendre les codes sociaux et donc de s'adapter à un environnement étranger, que pour un paysan qui n'est jamais sorti de son village, mais cela ne se vérifie pas toujours. De même qu'un intellectuel ou un artiste immigré recevra *a priori* un meilleur accueil qu'un chercheur d'emploi sans qualification, arrivé tout droit de la brousse ou du bled. Devant la difficulté de parler d'une façon générale de l'intégration des immigrés en France, on peut, avant de baisser les bras et ne prendre en compte que des itinéraires individuels, tenter de mesurer quantitativement l'intégration des nationaux algériens, maliens, turcs, etc. avec les critères classiques [18]. Combien y a-t-il eu de mariages mixtes ? Quel pourcentage d'accès à l'université pour les jeunes issus de l'immigration ? Etc.

Les enquêtes qui répondent à ces questions ne sont pas sans intérêt, mais les échantillons valables sont difficiles à établir étant donné la variété des situations vécues par les familles dans l'habitat, l'emploi, la citoyenneté et la culture. Prenons le cas d'un Sénégalais qui a fait ses études de médecine en France, veut y rester et rencontre une Bretonne qu'il épouse, ce qui lui permet d'avoir ses papiers en règle. Fait-il partie de ceux qui sont intégrés ? Le chômeur qui travaille de temps en temps au noir, mais arrive à bien tirer profit des allocations diverses est-il intégré ? L'informaticien indien qui ne parle pas un mot de français et bénéficie d'un salaire très élevé est-il intégré ? Évidemment, ce sont des situations particulières, mais il semble bien que les situations types sont plus rares qu'il n'y paraît et il convient donc de rester prudent, en considérant que toute description quantitative ne peut être qu'approximative.

Il est donc très délicat de dire de quelqu'un ou d'un groupe qu'il est intégré ou non intégré. À chaque fois qu'on utilise le terme d'intégration, il faudrait spécifier de quelle intégration on parle – nationale ? professionnelle ? religieuse ? –, sachant que

---

18. C'est ce qu'a fait avec beaucoup de précision Michèle TRIBALAT, in : *Faire France*, La Découverte, Paris, 1995.

chaque individu n'est pas nécessairement bien intégré partout et n'a d'ailleurs pas besoin de l'être, à condition que les lieux d'exclusion ne l'emportent pas sur les lieux d'intégration. Car reste à savoir s'il faut absolument être intégré pour vivre heureux. Si l'intégration dans une société d'accueil ou un groupe d'appartenance demande des sacrifices démesurés, ne vaut-il mieux pas vivre à l'écart, en marge, voire en étant exclu ? Il faut parfois apprendre à vivre avec la non-intégration. D'ailleurs, qui peut dire qu'il est parfaitement intégré dans tous ses milieux d'appartenance ?

L'intégration la plus importante pour un individu consiste à être « bien dans sa peau », capable de s'adapter, donc d'intégrer en lui-même autre chose que ce qui est familier et de ne pas se sentir agressé par l'étrange de l'étranger. Cette intégration suppose que l'individu ne dépende pas en tout de son groupe et de sa culture, et qu'il ait assez de liberté – tout en respectant son milieu, son pays, sa famille – pour prendre de temps en temps de la distance, quitte à se retrouver parfois un peu seul.

Enfin, les travailleurs sociaux sont partie prenante dans ce processus complexe qu'est l'intégration ; ils n'en sont pas seulement observateurs mais acteurs impliqués. Ils jouent un rôle de pédagogues important, doivent mettre en œuvre une approche compréhensive vis-à-vis des personnes et familles « à intégrer » dans les circuits de la société, exercent une responsabilité dans la promotion de la cohésion sociale et dans l'application des droits de l'homme et du citoyen.

Les intervenants sociaux sont souvent parmi les premiers « Français » que rencontre l'étranger en situation de détresse. Ils donnent une image de la société moderne et de la solidarité citoyenne tout en exprimant un respect de la personnalité de l'autre qui conforte celui-ci dans son identité. Un regard positif que l'étranger nécessiteux ne rencontre pas toujours dans la société dite d'accueil.

Les intervenants sociaux ne s'arrêtent pas au premier accueil auquel sont attachées les instances officielles, telles que l'ANAEM [19]. Ils peuvent se proposer, comme horizon de leur activité, l'autonomisation des usagers, sachant que la société moderne somme en permanence ces derniers d'exister en tant qu'individus et non en tant que membres d'un groupe. Cette marche vers l'autonomie passe par des étapes : l'assistance est souvent le premier pas, suivie par la négociation pour arriver à l'émancipation. Le dialogue de dépendance doit se transformer en dialogue égalitaire. L'objectif final étant l'intégration, comprise comme la participation à la marche de la cité.

---

19. L'ANAEM (Agence nationale d'accueil des étrangers et des migrations) est née de l'intégration du SSAE (Service social d'aide aux émigrants) à l'OMI (Office des migrations internationales).

2

DES COUTUMES À LA LOI

La question : « Comment vivre ensemble ? » rappelle la nécessité de règles de comportement auxquelles tous les citoyens doivent se soumettre. Il s'agit de règles ayant pour fonction d'éviter l'éclatement de la société et de fournir aux individus des repères pour leur conduite.

L'intégration dans une société où prévaut le droit national depuis un milieu où prévalent la religion et la coutume ne va pas de soi et impose des contraintes. S'adapter au nouvel environnement n'est pas simple car cela signifie changer de comportements et de système de valeurs, perdre les repères familiers pour de nouveaux difficiles à percevoir et parfois brouiller les relations avec son milieu d'origine.

Repères pour la conduite

Parmi les principales sources qui fournissent à l'individu des repères pour sa conduite se trouvent l'État à travers le droit, la religion avec son cortège de valeurs, la coutume ou la tradition, la sagesse ou la raison. En France, la loi est d'origine humaine et le législateur principal est l'ensemble des représentants de la population. Il n'en va pas de même dans toutes les sociétés. Des résidents originaires d'autres cultures, habitués à donner la priorité aux préceptes religieux ou à la tradition, peuvent trouver étrange, voire contester, la primauté de la loi nationale.

Les travailleurs sociaux, confrontés à la permanence de coutumes et de relations sociales qu'ils peuvent parfois juger déconcertantes ou inquiétantes chez les usagers de leurs services, et toutefois soucieux de respecter les cultures des autres, se posent couramment la question dans des termes qui traduisent un réel embarras : jusqu'où peut-on tolérer les différences culturelles ?

Contraintes du droit

Prévalence du droit national

Pour les sociétés occidentales modernes, les comportements individuels sont donc régis par le droit. Pour d'autres cultures, la coutume et le précepte religieux peuvent avoir une force aussi contraignante, sinon plus ; en effet, la coutume est intériorisée et paraît naturelle, alors que les citoyens connaissent l'origine humaine des lois.

En France, la cohésion sociale repose essentiellement sur certains principes politiques et sociaux, enracinés dans la raison et dont la pièce maîtresse est la démocratie. La démocratie repose sur l'égalité des citoyens devant la loi et dans toutes les relations sociales. On peut donc la définir comme une façon égalitariste de vivre les liens sociaux, et pas seulement les liens politiques. Son accomplissement se trouve dans l'autonomie des individus et des communautés humaines. Mais l'autonomie n'est pas synonyme d'individualisme. Au contraire, l'individu autonome sait qu'il n'est pas seul au monde et qu'il doit partager son espace avec les autres ; de même, une collectivité qui se veut autonome doit prendre en compte les droits et libertés des autres collectivités. La démocratie est le fruit d'une conquête historique. La valeur d'autonomie qu'elle développe a contribué à créer la modernité occidentale et

Des coutumes à la loi

il serait inconcevable pour les sociétés occidentales de revenir sur ces acquis. Inconcevable de renoncer à l'égalité homme-femme, à la limitation du pouvoir parental ou patriarcal, au droit à l'intégrité physique et psychique de chaque individu... Les étrangers qui s'établissent en France doivent se conformer à ces principes de manière impérative.

Si les travailleurs sociaux sont acquis à la cause démocratique, ce n'est cependant pas à la façon du policier qui veille sur la bonne observation de la loi : il s'agit plutôt pour eux d'une perspective pédagogique. La façon de demander la soumission à ce principe à ceux qui proviennent d'horizons moins démocratiques doit tenir compte du fait que cette exigence peut avoir à leurs yeux un caractère « révolutionnaire ». Sans céder sur le principe, il est possible d'aménager son application, de donner du temps au temps, d'être réalistes en reconnaissant les limites de l'adaptabilité immédiate. Les Français ont mis des siècles à s'approprier les principes démocratiques, qui ont pris naissance à l'époque de la Renaissance, puis ont été instaurés par la Révolution, mais sont toujours imparfaitement réalisés. Dans un domaine où la sensibilité est fortement engagée, les changements de mentalité ne peuvent qu'être progressifs.

Les sources de ces règles sont diverses. Expérience humaine, rationalité scientifique, valeurs sociales et religieuses sont présentes partout, mais pas dans les mêmes proportions. En France, les principes du législateur l'emportent sur la pratique de la jurisprudence, qui prend davantage en compte l'expérience du passé et le contexte historique. D'autres formes de rationalité que celles de l'Occident existent, par exemple la rationalité religieuse, dans laquelle une construction logique et cohérente peut être édifiée sur la base de prémisses incluant l'influence d'êtres surnaturels. Le travailleur social a intérêt, d'une part, à savoir hiérarchiser (et donc relativiser) les valeurs qu'il veut aider à transmettre et, d'autre part, à comprendre le dosage de rationalité scientifique, de sagesse et de préceptes religieux dans la culture de ses interlocuteurs, mais également dans sa propre culture.

Loin d'éliminer la diversité culturelle, le régime démocratique a pour objectif de rendre possible la plus grande diversité à l'intérieur d'un cadre sur lequel existe un consensus. Chaque citoyen et chaque milieu doivent donc composer avec les autres, peuvent cultiver une langue et des coutumes, respecter des traditions et des valeurs dans la mesure où celles-ci n'entrent pas en conflit avec les principes qui garantissent la possibilité de la coexistence [1].

Les accords binationaux

La société occidentale est fondée sur le droit, ce qui implique la soumission de la coutume aux lois nationales. La situation se complique dans le cas des étrangers qui, pour leur vie personnelle (règles de mariage, majorité, héritage...), continuent à relever d'un statut différent de celui de leurs voisins en France. Par exemple, une personne peut être considérée comme majeure en France et mineure ailleurs, ou bien majeure pour la société française et mineure pour la famille. Cette situation concerne surtout les femmes algériennes ou marocaines en France. Jusqu'à une date récente, un mari marocain pouvait en France se séparer de son épouse par répudiation, en vertu d'une convention binationale conclue entre les deux pays. Un mari algérien peut toujours « valider » devant des tribunaux algériens une répudiation qui a eu lieu en France, c'est-à-dire faire valoir le code de la famille algérien, même si en France un divorce a eu lieu selon les règles du droit français. Des ripostes juridiques, faisant prévaloir la législation française, sont possibles mais compliquées ; elles se fondent sur les contradictions entre des droits fondamentaux reconnus aux Français (donc à bon nombre des femmes concernées), la charte européenne et chacune de ces conventions binationales.

---

1. Il existe une Convention des Nations unies sur les droits des travailleurs migrants qui, quoique peu ratifiée par les pays d'immigration, mérite d'être connue. Voir *Hommes et Migrations* n° 1271, janvier/février 2008.

Il existe une grande ignorance chez les femmes immigrées sur cette précarité juridique, qu'elles ne découvrent souvent que quand il est trop tard. Il faut espérer que, dans ce domaine, le législateur français se mettra à jour et accordera aux femmes des droits en vertu de leur résidence en France et non de leur nationalité (ou d'une de leurs nationalités) [2].

Les préceptes religieux

Les préceptes religieux se situent sur deux registres : celui du sentiment religieux (la religiosité) et celui de l'institution religieuse. Le plus populaire, et d'une certaine façon le plus inoffensif, est celui de la religiosité, du sentiment qu'il y a des forces autres qu'humaines qui agissent dans l'univers et avec lesquelles il faut s'entendre. Ces forces exigent des sacrifices, des rites et la médiation de spécialistes, qui à travers le monde montrent de grandes affinités. Pour les sociétés modernes, ce sont des superstitions qui peuvent aliéner les individus mais qui ont rarement un impact à grande échelle. En revanche, les religions instituées, et en particulier les monothéismes, n'ont pas seulement pour objectif de concilier les forces surnaturelles mais édictent une morale pour les individus et cherchent parfois à intervenir dans l'organisation de la société, entrant ainsi en concurrence avec les pouvoirs politiques et avec les « spécialistes » du comportement humain (éducateurs, psychologues...).

La religion populaire

Chaque société s'est dotée au cours de l'histoire de rites religieux pour faciliter la vie (réussir la chasse, la pêche, la récolte...), maîtriser la violence et faire face à la mort. Les religions instituées

---

2. Il existe un guide pratique d'information sur les droits des femmes édité par l'association lyonnaise « Femmes contre les intégrismes ». *Cf.* aussi les ouvrages d'Edwige RUDE-ANTOINE : *L'Immigration face aux lois de la République*, Karthala, Paris, 1992 ; *Le Mariage maghrébin en France*, Karthala, Paris, 1990.

ont recruté dans une humanité souffrante, qui y trouvait espoir et consolation ; elles ont rencontré moins d'audience à partir du moment où les sciences sont devenues plus efficaces pour soulager les douleurs et assurer une bonne récolte. Les milieux où ces moyens rationnels pour maîtriser l'existence se sont peu développés sont toujours plus enclins à s'attacher à leurs croyances que ceux qui ont été familiarisés depuis plus longtemps avec la rationalité scientifique.

Dans ces milieux traditionnels, certains individus réputés pour leurs « dons » servent d'intermédiaires entre les mortels et le monde invisible des forces supraterrestres. Mais ces croyances sont aussi toujours très vivantes dans les sociétés occidentales, où n'ont pas disparu les consultations pour connaître son avenir, se faire aider pour obtenir le permis de conduire ou éliminer un rival en amour. Cependant, en France, des pratiques de ce genre n'ont plus de statut public et ceux qui s'y adonnent n'en parlent généralement qu'entre amis. Les travailleurs sociaux doivent cependant savoir qu'ils peuvent être concurrencés par des « conseillers » de ce type. Mais les personnes en détresse ne parlent généralement pas de ces pratiques ancestrales quand elles jugent que la personne en face n'y croit pas du tout. Les travailleurs sociaux en France sont rationalistes, pensent-elles, et elles préfèrent taire les moyens occultes qu'elles ont mis en œuvre pour résoudre un problème, de la même manière qu'elles ne parlent pas au médecin généraliste de leur recours à des guérisseurs du quartier. De toute façon, se disent-elles, brûler un cierge blanc devant une statue ou avaler un verre d'eau bénite ne peut pas faire de mal, et mieux vaut se couvrir de deux côtés que d'un seul.

La plupart des peuples ne connaissent pas l'athéisme. Il peut donc paraître étonnant à leurs yeux que les Occidentaux ne croient pas tous et publiquement en un être supérieur, dispensateur de toute vie. Les croyants sont tenus de revivifier en permanence leur lien avec cette transcendance et disposent pour cela de rites qui, de même que les coutumes, ont aussi une fonction de ciment social. D'ailleurs, le mot « religion » vient de « lier ». Dans la société prémoderne, l'appartenance religieuse est une dimension de l'appartenance globale, unique, et il n'est même pas concevable de se dire incroyant. Le refus de participer aux rites ou de ne pas respecter les coutumes entraîne l'exclusion. La fonction des rites est aussi identitaire, car ils permettent de se distinguer des voisins qui en ont d'autres. Ainsi, la circoncision n'est pas seulement une caractéristique pour se dire juif ou musulman, mais aussi pour se distinguer des chrétiens. Dans les pratiques rituelles, il y a ainsi l'expression d'un refus de l'assimilation à l'autre [3].

Le rite ne demande pas une adhésion intérieure, affective. Il s'agit surtout de l'accomplir. Ce qui importe pour la bonne marche de la société et ce qui peut mobiliser les forces favorables, ce n'est pas le sentiment qu'éprouve l'individu, mais l'acte posé objectivement. Faire un vœu, jeter un sort, porter une amulette... sont des pratiques qui doivent être prises au sérieux par les travailleurs sociaux, qui doivent pouvoir en discuter sans sourire parce qu'elles produisent des effets sur les personnes qui les évoquent. Se montrer disponible et disposé à dialoguer de pratiques que l'on juge « étranges » ne veut pas dire les approuver. La plupart des pratiques sont inoffensives et, d'une manière générale, la tolérance est donc de mise, au même titre que nous acceptons d'amis qu'ils jouent au loto le vendredi 13, refusent de passer sous une échelle ou fassent appel à la numérologie pour connaître leur avenir. Il en va autrement lorsque ces pratiques portent atteinte à des droits que, dans la société moderne, nous considérons comme fondamentaux, comme le droit à l'intégrité corporelle ou à d'autres formes d'autonomie de la personne.

La religion instituée

Le foisonnement de pratiques, de croyances et de rites a fini par être canalisé par l'institution de religions proposant une vision du monde et de l'humanité dont découlent des doctrines, des

---

3. *Cf.* Marie-Antoinette HILY et Marie-Louise LEFEBVRE, *Identité collective et altérité*, L'Harmattan, Paris, 1999.

attitudes intérieures et des règles pour le comportement individuel et collectif. Il ne s'agit plus seulement de répondre à une détresse ou à une angoisse humaine mais à une interrogation sur l'existence. Ces religions sont gérées habituellement par un clergé et ont intégré bien des éléments des religions populaires, mais elles insistent sur la morale, sur la promotion de certaines valeurs et sur une organisation de la société qui permette l'épanouissement de ces valeurs [4].

Tant que l'organisation de la société proposée par la religion dominante est mise en œuvre par le pouvoir politique, les problèmes restent circonscrits. Mais lorsque le pouvoir politique et le pouvoir religieux entrent en concurrence pour l'élaboration des règles pratiques, les conflits naissent. Conflits pour le pouvoir, mais aussi désarroi des croyants qui ne savent plus à qui obéir en premier. La séparation du pouvoir politique du pouvoir religieux fait partie de toute solution. Ce principe est admis dans toutes les religions ; cependant, cette séparation ne règle pas le rapport des deux pouvoirs : lequel a préséance sur l'autre [5] ?

Les interférences entre Dieu et César ne manquent pas d'influencer les orientations du pouvoir dans les deux sens. En France, il est encore possible de distinguer dans la déontologie des travailleurs sociaux des résidus chrétiens. Ceux d'entre eux qui se sentent pris en tenaille par deux prescripteurs doivent négocier selon leur conscience l'attitude à prendre chaque fois qu'une situation contradictoire se présente. L'entrée dans la société moderne est aussi une entrée dans l'ère de la délibération avec soi-même. Chaque appartenance impose ses règles : lesquelles dois-je faire prévaloir dans une situation précise ?

Dans la question plus particulière du voile islamique [6], il est évidemment possible d'examiner les fondements théologiques de cette contrainte imposée aux femmes, mais le fond du problème

---

4. *Cf.* Odon VALLET, *Les Religions dans le monde*, Flammarion, Paris, 1996.
5. Cette question est abordée plus loin, *cf.* p. 144.
6. *Cf. infra*, p. 146.

est plutôt dans la question des limites autorisées par la religion pour s'adapter à une société multireligieuse et dans la liberté prise par les individus de réaliser cette adaptation.

La coutume et les valeurs

La coutume est-elle toujours sagesse ?

Le besoin de rationalité propre à la société moderne n'a pas éliminé totalement les arguments reposant sur des sentiments affectifs et esthétiques. Le comportement raisonnable qui est celui du sage ne juge pas tout à l'aune de la rationalité. La sagesse n'aime pas l'aventure ; elle est respectable, mais souvent elle s'appuie sur une vision du monde et de l'homme qui, pour les Occidentaux, date d'une autre époque. Les proverbes et dictons qui l'expriment ne sont pas à prendre pour argent comptant ; les coutumes auxquelles elle sert d'explication et dont elle justifie la perpétuation ne s'accordent pas toujours avec les exigences de dignité et de liberté humaines qui aujourd'hui sont les nôtres. Mais, paradoxalement, la sagesse traditionnelle est souvent aussi la critique la plus incisive de la société traditionnelle quand elle défend l'humanité contre la rigidité des lois, l'exercice abusif de l'autorité et des mœurs inhumaines.

L'acteur social qui a grandi dans l'univers occidental a souvent du mal à comprendre la prégnance d'une tradition ou de la coutume chez une personne qui a grandi dans une société traditionnelle. Cette dernière hésite beaucoup à sortir des voies tracées par ses ancêtres. Dans les sociétés traditionnelles, les préceptes religieux sont à l'origine des prescriptions sociales et le respect d'une tradition vaut celui dû à la religion.

Le respect de la coutume est beaucoup plus fort dans les milieux traditionnels que dans la société moderne, qui passe régulièrement les coutumes au filtre de la critique. Dans la société moderne, la cohésion sociale a moins besoin de coutumes partagées que d'égalité des droits. Cette relativisation de la tradition n'est pas toujours facile à accepter par le citoyen originaire d'une société traditionnelle.

La question du respect de la coutume est souvent posée en termes de limites : « Jusqu'où peut-on tolérer... ? » Certains pensent que la tolérance est la qualité principale de tous ceux qui acceptent de vivre dans une société multiculturelle. L'essentiel serait de reconnaître l'autre tel qu'il est et de lui demander une attitude réciproque. Finalement, chacun resterait chez soi, dans sa bulle.

Pourtant, la tolérance et la reconnaissance réciproques ne sont peut-être pas le *nec plus ultra* de la réussite humaine. Finalement, le face-à-face respectueux peut témoigner d'un grand respect mutuel, mais chacun peut rester sur ses positions. Peut-être est-il même impossible de camper en permanence dans cette indifférence bienveillante.

Un progrès s'effectue lorsqu'on témoigne d'une curiosité bienveillante à l'égard de la culture de l'autre. Mais cette attitude ne va pas assez loin pour celui qui se propose de contribuer à un changement d'attitude dans le sens de l'interculturel. Le dépassement de la tolérance est dans l'effort d'une rencontre, d'une communication qui nous obligent à nous éloigner de nos rivages familiers pour nous approcher de l'autre rivage, dans l'attente que l'autre en fasse autant. Cela suppose chez tous les interlocuteurs la volonté de créer un espace commun, et donc d'accepter un dépassement de ses propres critères culturels. Il s'agit de créer, avec l'autre, quelque chose d'inédit [7].

Des hiérarchies de valeurs différentes

Les valeurs sont des critères largement partagés par un milieu pour inspirer ou juger les comportements [8]. Elles traduisent une vision de l'homme et de sa place dans la société et l'univers. Elles

---

7. *Cf.* William OSSIPOW, François DERMANGE, Gaëtan CLAVIEN, *Racisme, libéralisme, et les limites du tolérable*, éditions Georg, Genève, 2003.
8. *Cf.* Jérôme BINDÉ (dir.), *Où vont les valeurs ?* 2 vol., éditions Unesco-Albin Michel, Paris, 2004.

sont transmises lors de la socialisation et sont intériorisées, au point de paraître naturelles et universellement valables. Certaines valeurs, telles que la laïcité ou la démocratie, se retrouvent dans le droit, d'autres sont institutionnalisées, telles que la solidarité dans la Sécurité sociale, mais beaucoup ne sont pas couchées sur le papier, comme l'hospitalité ou la générosité. Ces dernières tendent à s'affaiblir dès qu'elles ne sont pas soutenues par une contrainte légale.

Les mêmes valeurs se retrouvent chez toutes les populations du monde : le souci de vérité, l'hospitalité, la solidarité, la politesse... Ce qui fait la différence entre les cultures, c'est d'une part la place que prend chaque valeur dans une hiérarchie des valeurs, et de l'autre son contenu concret. Chaque système contient des valeurs contradictoires. On trouve partout la nécessité de la politesse et de la franchise. Les différences sont dans la priorité accordée à l'une sur l'autre et sur le contenu : qu'est-ce qui est poli et impoli ? Aussi bien l'échelle que le contenu évoluent en permanence. La solidarité clanique fait de plus en plus place à une solidarité anonyme, organisée à grande échelle.

La première grande différence dans la conception hiérarchique des valeurs est dans la priorité accordée soit à l'individu, soit à la collectivité. Les Français, et les Occidentaux en général, considèrent comme normal d'accorder une grande liberté aux individus et de les protéger contre une société tentée en permanence de la réduire. Dans bon nombre de décisions, l'intérêt de l'individu prime sur celui de la collectivité. Cette priorité est devenue tellement naturelle que l'on oublie que cette conquête est relativement récente et n'est pas la priorité partout. Le premier sujet de droit, dans la plus grande partie du monde, est encore la collectivité. Les intérêts de l'individu y sont soumis à ceux de la famille, ceux de la famille à ceux du village ou de la société. Par exemple, le mariage arrangé fait prévaloir l'intérêt patrimonial des familles sur les sentiments des individus. Dans l'éducation, cela conduit à une conception de l'éducation de l'enfant portée plus sur l'apprentissage des traditions et la pratique de l'obéissance que sur l'apprentissage à « se tenir debout tout seul ». Le rôle des autorités et de la discipline sera très différent dans les deux cas de figure.

Il importe de ne pas caricaturer cette différence et en faire une opposition absolue. Dans la société traditionnelle, il existe normalement un souci profond du destin des individus, et c'est seulement en dernier ressort que l'on a recours à la prévalence de l'intérêt collectif. De même, dans la société occidentale, individualiste, la dimension collective est rarement absente. Il n'y a donc pas d'opposition entre d'un côté le collectivisme et de l'autre l'individualisme, mais un dosage variable de deux tendances, ce qui permet justement les évolutions dans les systèmes de valeurs et les négociations entre systèmes.

Chez toutes les personnes et dans toutes les sociétés, des glissements s'opèrent qui font évoluer les mentalités. Dans une société qui devient plus individualiste, la politesse (qui est un souci du bien commun) cédera la place à la franchise, qui est un besoin des personnes. Le proverbe « Toutes les vérités ne sont pas bonnes à dire » perd du terrain au profit de « Toutes les vérités sont bonnes à dire ».

Les évolutions sont des adaptations, rendues nécessaires par un changement de contexte ou par une prise de conscience interne à la collectivité. L'usage de la raison joue souvent le rôle de moteur ou d'arbitre, sans prendre toutefois tout de suite le dessus, parce qu'il existe des résistances affectives ; dans d'autres occasions, c'est le sentiment général qui demande des inflexions sur l'échelle des valeurs, et il peut être utile alors de fournir des arguments rationnels pour favoriser l'évolution. Dans tous les cas, il est plus pédagogique de construire un comportement éthique sur des fondements présents dans toutes les cultures que de prêcher l'abandon d'une valeur en échange d'une autre [9].

---

9. Pour aller plus loin : *Vie sociale*, n° 4, octobre-décembre 2003 (dossier « Entre normes et valeurs : le cas du travail social »).

Des coutumes à la loi

Exemples de valeurs qui varient selon les cultures

En France, le bénéficiaire d'un cadeau enlève le papier d'emballage en présence du donateur ; en Turquie et en Asie, il serait mal vu de le faire : ce qui est poli dans un pays ne l'est pas nécessairement dans un autre. Une certaine manière de concevoir les relations sociales s'exprime par la façon de pratiquer les valeurs.

Les étrangers en France constatent que les Français ne respectent pas les codes auxquels ils sont habitués dans leur société d'origine. Ils en tirent la conclusion qu'en France ces valeurs n'existent pas. Les colonisateurs, inconscients de leur propre cécité, jugeaient de la même manière les « indigènes ».

Certaines valeurs sont souvent évoquées dans les entretiens que les travailleurs sociaux ont avec les usagers originaires d'autres cultures, telles que la tolérance, l'hospitalité, le respect, l'honneur, le travail, la pudeur, la propreté, l'égalité, la solidarité, la politesse, etc. Les exemples qui suivent illustrent les différentes perceptions qui peuvent avoir trait à certaines de ces valeurs.

L'hospitalité

La famille B., d'origine algérienne, a enfin obtenu un F5 dans la banlieue marseillaise. Ce n'est pas de trop pour loger les parents et les quatre enfants. Une voisine de palier, qui a rapidement fait connaissance avec la famille, constate qu'une semaine après l'installation, un « oncle » vient séjourner une quinzaine de jours dans l'appartement. Il repartira avec plusieurs valises bien remplies. Le mois d'après, une « tante » vient passer trois semaines dans la famille, avant de prendre la route pour La Mecque. Lors de ces séjours, les enfants de la famille doivent s'entasser un peu plus dans les pièces restantes. Parfois l'espace de la cuisine est mis à profit. Un jeune cousin a téléphoné qu'il viendra passer ses vacances dans la famille... Ils attendent maintenant l'arrivée de la belle-mère d'Oran, qui doit être opérée aux jambes... Les parents

« là-bas » considèrent tout naturellement que l'appartement de la famille B. est un pied à terre pour eux en terre promise.

L'hospitalité est un devoir sacré. Personne ne peut s'y soustraire à la légère. Les parents en France sont considérés par les gens de « là-bas » comme des riches, qui peuvent les recevoir comme on reçoit dans le pays, à la campagne. Un refus de la part de la famille B. ne serait pas compris « là-bas » et, dans l'hypothèse d'un projet de retour (ou même pour les vacances), on leur fermerait des portes [10].

Le respect

Dans notre propre société, il est facile de découvrir les différents sens attribués au mot « respect » selon le milieu social. Ce terme implique à la fois une reconnaissance sociale et une mise à distance. L'irrespect est l'absence de reconnaissance du statut social, de la dignité (quand un être est considéré comme « inférieur »), ou de la distance. Pour les Français, le choix du vouvoiement ou du tutoiement illustre ce double rôle : le tutoiement efface la différence du statut social en même temps que la distance. Mais ce n'est pas ainsi que l'entendent beaucoup d'autres populations, notamment au Maghreb et en Afrique de l'Ouest : « tu » est un être singulier, « vous » un être pluriel. Pourquoi dire « vous » à une personne seule ? Le tutoiement n'exprime alors ni la familiarité, ni la distance, mais seulement le nombre d'interlocuteurs... Il peut être important de le savoir, avant de se sentir offusqué par le fait d'être tutoyé. Le travailleur social doit ainsi parfois se muer en professeur de français ; non pas pour inculquer une meilleure façon de parler, mais pour faire comprendre qu'un tutoiement au mauvais endroit peut coûter cher à l'étranger qui candidate pour un emploi.

---

10. L'hospitalité est une valeur qui mérite d'être approfondie. *Cf.* la revue *Diversité* n° 153, juin 2008 (dossier « Le principe d'hospitalité ») et Jacques DERRIDA, *De l'hospitalité*, Calmann-Lévy, Paris, 1997.

Des coutumes à la loi

Pour les Français, l'exactitude fait également partie du respect : c'est la « politesse des rois ». Plus le respect qu'ils doivent à leurs interlocuteurs est grand, plus ils s'efforcent d'être à l'heure. Les Français n'arrivent en retard que chez les personnes familières ou chez ceux à qui ils n'ont pas besoin de montrer une haute estime. Mais les jugements portés sur les retards varient d'un contexte à l'autre. Si les Français n'en sont pas à cinq minutes près, les Américains et les Allemands en sont quant à eux à quelques secondes près, les Brésiliens et les Mexicains à quelques heures près. Les Africains et les Antillais sont également réputés être assez approximatifs.

Pourtant, ces derniers arrivent à l'heure pour prendre le train ou l'avion... Les travailleurs sociaux qui font l'expérience de ces retards doivent-ils en déduire que leurs interlocuteurs leur manquent de respect ? Une autre interprétation est possible : l'exactitude est une nécessité fonctionnelle et non relationnelle. On la respecte si l'interlocuteur est à une grande distance hiérarchique, mais lorsqu'on est avec des amis ou en famille elle est inutile. Or les travailleurs sociaux sont souvent assimilés à des membres de la famille élargie...

Le respect, c'est encore la volonté de laisser intact l'ordre social. Les Asiatiques, en particulier, tiennent beaucoup à ne pas faire grincer les rouages des relations sociales. L'harmonie et l'équilibre sont deux concepts maîtres, qui ne peuvent se trouver ou se maintenir sans un certain consensus extérieur. La politesse consiste alors pour chacun à jouer son rôle et à reconnaître le rôle de l'autre.

Le pieux mensonge peut jouer de mauvais tours à l'interlocuteur occidental. À la question : « Avez-vous bien compris ? » que posent souvent les travailleurs sociaux, leurs interlocuteurs répondent presque invariablement : « Oui » ; à leurs yeux, il n'est jamais poli de répondre « non » et ils ne veulent pas faire de la peine au travailleur social.

Lors de rendez-vous en face-à-face, ce dernier peut se sentir gêné par le fait que son interlocuteur ne le regarde jamais dans les yeux. Cela n'a évidemment rien à voir avec une absence de franchise. Regarder quelqu'un les yeux dans les yeux, c'est, dans certaines cultures, se mettre au même niveau social que lui ; or, le travailleur social, qu'il le veuille ou non, est souvent considéré par son interlocuteur comme ayant un statut social supérieur.

La honte, l'honneur et le sentiment de culpabilité

La honte et l'honneur sont des valeurs importantes dans les sociétés traditionnelles à cause de leur dimension collective. Le sentiment de culpabilité est plus propre à la société individualiste.

En caricaturant, nous pourrions dire que dans la société traditionnelle les personnes considèrent comme péché tout ce qui risque de perturber l'ordre social ou les relations avec l'au-delà. À la rigueur, un péché qui n'est connu de personne ne mérite pas ce nom, parce qu'il ne fait de mal à personne. S'il est connu, il jette l'opprobre sur l'auteur qui, avec sa famille ou son clan, est alors couvert de honte. Le péché a une dimension collective parce que l'auteur appartient à un groupe solidaire, et c'est le groupe qui sera puni pour la transgression. Quitte pour le groupe à se retourner ensuite contre le membre qui a contribué à jeter l'opprobre sur la collectivité. Dans ce type de sociétés, le groupe exerce donc un contrôle social serré sur les individus, en particulier sur ses membres dont l'honneur doit être particulièrement protégé : les (jeunes) femmes.

Plutôt que de honte, on peut parler d'atteinte portée à l'honneur du groupe. L'honneur est lié à la réputation, au souci de faire bonne figure dans le milieu. La perte de l'honneur rend la vie en société difficile. Si quelqu'un y a porté atteinte, les hommes sont chargés de le réparer. S'il n'y a plus d'hommes pour le faire, leurs enfants reçoivent en héritage l'obligation de régler les comptes.

En tout cela, les sentiments des personnes impliquées importent peu. Le fils aîné qui, à la demande de son père, bat sa sœur qui s'est « dévergondée » ne le fait pas de gaîté de cœur, mais s'exécute pour sortir la famille de la honte.

Dans la société moderne, ces conceptions de l'honneur paraissent barbares. Quoi que l'on pense de l'honneur, c'est une valeur très ambiguë, responsable de milliers de morts, souvent des victimes innocentes. L'honneur peut pourtant être tout à fait respectable quand il s'applique à une conduite personnelle et traduit un refus de trahir quelqu'un ou ses propres principes. Dans ce cas, l'honneur devient une valeur individuelle ! Trahir cet honneur n'aurait que peu de conséquences collectives. La trahison ne jette pas l'opprobre sur tout un groupe, mais essentiellement sur celui qui la commet. L'individu aurait peut-être honte de paraître devant les autres mais, dans la société moderne, il est facile de changer de milieu. Un homme qui sort de prison peut s'installer à l'autre bout de la France, là où personne ne le connaît. En revanche, son éducation moderne l'a peut-être conduit à ressentir une culpabilité qui ne se voit pas nécessairement à l'extérieur.

La personnalisation de la faute a été fortement impulsée dans le christianisme, avec son insistance sur la responsabilité personnelle. Ce sont les individus qui auront à rendre compte du bien et du mal qu'ils auront fait, et non leurs parents ou leurs enfants. Pour des personnes qui proviennent de sociétés où la religion est davantage restée un phénomène collectif, le sentiment de la responsabilité personnelle peut être moins accentué.

Culture et citoyenneté

Le travailleur social n'ignore pas qu'il doit obtenir de ses interlocuteurs la volonté d'évoluer dans un certain sens (celui imposé par l'échelle des valeurs française du moment) pour avoir accès aux ressources de la société en France. Mais, face à des administrations ou à une opinion publique qui auraient vis-à-vis des étrangers des exigences d'adaptation exagérées ou trop rapides, il peut également jouer un rôle de médiation voire de résistance. Par ailleurs, l'étranger n'est pas entièrement démuni face aux pressions qui s'exercent sur lui. Comme tout citoyen, il peut avoir recours à des instances d'appel et tenter de participer davantage à l'élaboration des règles qui décident de son sort. Mais ces démarches ne se font pas sans poser de problèmes, dont les travailleurs sociaux sont souvent des témoins actifs.

L'autorité du travailleur social

Dans la société traditionnelle, le chef du village peut être à la fois gendarme, juge et conseiller conjugal. Les usagers d'un service social ont souvent du mal à comprendre que leur interlocuteur n'est pas tout-puissant et que son pouvoir d'intervention est limité à un domaine précis. En effet, le travailleur social ne fait pas ce qu'il veut : il doit se conformer aux directives de ses supérieurs, qui peuvent être multiples. Par ailleurs, le terrain présente souvent des situations non prévues par le règlement.

Parmi les « attendus » qui président à une décision, il y a des considérations institutionnelles (la loi, le règlement des institutions...), la déontologie, l'éthique (conscience, obligation religieuse ou idéologique...), le climat social à un certain moment ou une situation politique conjoncturelle, une situation subjective d'urgence, de détresse, de désarroi... Cette complexité fait que, devant un cas identique, un travailleur social ne prendra pas nécessairement la même décision que son collègue.

Un travailleur social ne peut jamais décider uniquement en vertu du règlement, parce que sa fonction est justement de rendre humaine l'application d'une loi ou d'un règlement toujours trop général ou impersonnel. Mais il ne peut pas non plus uniquement décider sur la base de considérations humanitaires. Il est à la charnière de l'autorité publique, du texte impersonnel et de la personne [11].

Prenons un exemple qui illustre cette complexité. Une famille kurde veut faire bénéficier sa fille de la scolarisation, mais ne

---

11. *Cf.* Edwige RUDE-ANTOINE, *Jeunes de l'immigration, la fracture juridique*, Karthala, Paris, 1995 ; *Des vies et des familles, les immigrés, la loi et la coutume*, Odile Jacob, Paris, 1997.

dispose que de moyens financiers médiocres. Les parents ne peuvent l'inscrire que dans une école mixte ; or ce geste peut avoir des répercussions dans leurs relations avec leur milieu socioculturel qui, par tradition, refuse la mixité. Poser la question uniquement en termes de respect des cultures revient soit à respecter la culture des parents et à ne pas intervenir, et l'enfant ne sera pas scolarisée, soit à respecter la culture du travailleur social, et ce sera le choix entre scolarisation ou coupure des allocations familiales. La dernière solution présuppose que les parents sont entièrement libres de choisir ce qu'ils veulent. En fait, ils subissent des pressions de la part du milieu d'origine et de la société française. Les parents de la jeune fille seraient peut-être contents que le travailleur social pèse de tout son poids et les contraigne à agir en faveur de la scolarisation, même si publiquement ils ne peuvent pas y adhérer. La décision imposée au nom de la loi peut finalement les arranger [12].

La radicalité de la décision ne doit pas exclure le dialogue. L'intervenant est conscient du bouleversement culturel que provoque sa démarche ; il doit prendre le temps d'expliquer, affûter son argumentation, chercher des alliés dans le milieu social ou religieux et ainsi adoucir au mieux le différend culturel.

Ce qui est principalement en jeu pour le travailleur social, ce n'est pas le respect de la culture, mais le bien de la jeune fille. Celle-ci grandit dans un milieu qui est peut-être encore homogène (ou se croit tel), mais il y a de fortes chances qu'elle se retrouve assez vite dans une ambiance sociale où elle aspirera à l'autonomie ; une autonomie qui s'acquiert aussi à l'école, non seulement par l'acquisition de savoirs, mais en fréquentant des garçons dès son jeune âge. Au cas où le milieu scolaire est sollicité pour intervenir, il peut arriver que le travailleur social s'oppose clairement aux parents et utilise les moyens légaux à sa disposition pour défendre les intérêts de la fille.

---

12. Cf. VEI Diversité, n° 138, septembre 2004 (dossier : « Les filles et les garçons sont-ils éduqués ensemble ? »).

Le relationnel est une dimension importante dans le travail social en général, mais particulièrement auprès des personnes en difficulté et originaires de cultures dans lesquelles le relationnel l'emporte souvent sur la rigueur professionnelle. L'efficacité d'une assistante sociale dépendra autant de sa compétence professionnelle que de son « contact ». Une personne moins compétente qu'une autre mais plus chaleureuse peut donc obtenir davantage de succès dans ses démarches. L'autorité du travailleur social, sa capacité à faire passer des décisions pénibles dépendent alors largement de sa capacité à communiquer.

Une conseillère conjugale, aujourd'hui à la retraite, racontait parfois à des interlocuteurs venus la consulter comment elle s'était elle-même libérée. Jeune mariée, son mari ne voulait pas qu'elle ait les cheveux courts et porte un pantalon. Un jour qu'il était rentré à la maison avec sa paye entamée par une tournée trop arrosée au bistro, elle alla aussitôt s'acheter un pantalon et se faire couper les cheveux. À son retour, le mari la réprimanda mais comme il était lui-même en faute il n'osa aller plus loin. Le barrage était franchi pour de bon. Cette histoire racontée par la conseillère était une pédagogie très efficace. Elle détendait l'ambiance et prouvait que le changement était possible. Au lieu de sortir un texte juridique impersonnel, inanimé, le fait de raconter une parabole est souvent plus efficace. Le changement proposé se situe alors dans un contexte personnel où la complicité affective a toute sa place.

Le poids du contrôle social

Dans la ville moderne, les habitants s'ignorent généralement les uns les autres ; tandis que, dans le village, tout le monde s'occupe des affaires de tout le monde. Il en va de même dans les milieux fermés qui ressemblent au village ; le contrôle social y est très fort et se manifeste par exemple par le poids du « qu'en dira-t-on ». Mais la vie dans la société moderne diminue progressivement la contrainte imposée par le contrôle social en valorisant l'individualisme, ce qui ne va pas sans poser des problèmes d'identité.

L'individu perd une source de reconnaissance sans en retrouver nécessairement et rapidement dans le nouvel environnement social. Les intervenants sociaux peuvent être parmi ceux qui aident les personnes en perte de liens communautaires à en trouver ailleurs.

Le risque d'exclusion du milieu

Il importe pour les intervenants sociaux de prendre la mesure des conséquences sociales d'éventuelles transgressions culturelles et religieuses. Que peut-il arriver à un croyant traditionaliste qui cesse de respecter une coutume ? Il risque des sévices physiques, l'enfermement ou l'exclusion de son groupe. Si la prise de ce risque est inévitable, il est bon que le travailleur social prévoie un « terrain d'atterrissage » en dehors du milieu traditionnel. Ce terrain doit inclure un accompagnement psychologique et matériel intense, parce que le sentiment d'autonomie d'une personne qui se libère ainsi reste longtemps très réduit. Le fait d'être exclu d'une communauté peut causer des problèmes matériels et des troubles psychologiques à ne pas sous-estimer.

Prenons l'exemple d'une femme originaire d'une région où les femmes restent habituellement à la maison. Lui proposer une formation ou un emploi risque d'entraîner des conflits avec son mari. Même si celui-ci est d'accord, le contrôle social exercé par le milieu social, culturel et religieux peut être tellement fort que le fait d'aller travailler ou de s'engager dans une formation risque de provoquer de fortes tensions au sein de la famille ou avec d'autres membres du milieu.

Il convient alors de prendre en compte la capacité et la volonté d'autonomie de l'intéressée ou de la famille. Les personnes douées d'une forte personnalité, exerçant un métier ou disposant de moyens financiers, courent moins de risques que les autres. À l'inverse, quand le travailleur social aide une personne dépendante à devenir plus autonome vis-à-vis de son milieu, il court le risque de la rendre dépendante du service social si les ponts avec ce milieu sont complètement coupés.

Les travailleurs sociaux qui ont hébergé une femme « dépendante » dans un foyer pour la soustraire à la violence de son mari ne doivent pas s'étonner si celle-ci réintègre son domicile au bout de quelques jours. Pour elle, vivre seule, loin des amies et voisines, et parfois séparée de ses enfants, est une épreuve plus dure que de vivre avec un mari violent. Quelqu'un qui a toujours vécu dans une certaine situation, même inconfortable, peut préférer la familiarité avec cette situation à un saut solitaire dans l'inconnu. On a vu des couples mal logés préférer leur logement plus que défectueux à un habitat plus confortable uniquement pour ne pas quitter un lieu familier.

Parfois, le refus d'un changement de comportement s'explique par la peur que celui-ci compromette le retour sur la terre d'origine. On peut évoquer l'exemple de Monsieur C., d'origine malienne, qui vit en couple avec sa première femme, à Paris. Pendant les vacances, il retourne au Mali, où il épouse une deuxième femme qu'il ramène à Paris. Il sait que la polygamie est interdite en France et que cela va lui poser d'énormes problèmes, sur les plans du logement, des papiers, des enfants à venir. Mais il a fait son choix : il préfère se fâcher avec l'administration française et les travailleurs sociaux plutôt que d'être rejeté par son village d'origine.

La peur culturelle du changement

De la même façon que le changement est considéré *ipso facto* comme bon dans la société moderne, la tradition est automatiquement valorisée dans les sociétés anciennes. Un produit, une habitude ou un comportement est jugé bon pour la seule raison qu'il est conforme à ce que l'on a toujours pensé et toujours fait. Le contrôle social s'exerce à l'avantage du *statu quo*. L'intégration dans la modernité implique donc de changer d'avis sur l'opportunité des changements, ce qui est une vraie révolution culturelle.

Dans les sociétés modernes, les différences culturelles sont mieux acceptées que dans le village traditionnel. Le changement culturel est donc plus difficile pour les anciens villageois que pour les étrangers originaires de sociétés modernes ou de villes. Le passage d'une société traditionnelle à une autre société traditionnelle ou d'une culture moderne à une autre du même type est plus facile. En effet, le passage d'un type de culture à l'autre affecte toutes les sphères de l'existence, bouleverse radicalement la vie relationnelle, la vision de l'homme et de la société, et, en particulier, le rapport entre l'homme et ses milieux d'appartenance. Les ressortissants de sociétés différentes, mais dont la culture valorise l'autonomie, connaissent bien moins de problèmes d'intégration en France que ceux originaires de sociétés qui privilégient la tradition ou le collectivisme, même s'ils viennent de plus loin. Le changement essentiel se situe dans le rapport qu'entretiennent les individus avec leur milieu social. L'accession à l'autonomie est un processus douloureux pour ceux et celles qui ont été socialisés dans une idéologie traditionaliste ou collectiviste.

Les sociétés traditionnelles préfèrent s'en tenir à ce qui a fait ses preuves. Le respect des anciens est engagé : prétendre faire mieux qu'eux en faisant autrement relève de l'imposture. Ce qui guide le comportement est l'expérience du passé, plutôt que le projet d'avenir. Le regard n'est pas dirigé dans le même sens.

Les changements liés à la communication font moins peur que ceux qui demandent une conversion à un autre type de vie sociale ; les changements qui se situent dans une sphère fonctionnelle (gestion du temps, façons de s'habiller, usage d'une langue vernaculaire...) posent beaucoup moins de problèmes que ceux qui ont une dimension affective forte (relations hommes-femmes, hiérarchies sociales, questions éducatives...).

Dans la société traditionnelle, ceux qui ignorent l'héritage des ancêtres, voire la loi divine, risquent de s'attirer l'hostilité des morts et les foudres du ciel : selon cette conception, mieux vaut se mettre mal avec les Français qu'avec les forces de la tradition et de la religion. Le respect de cet ordre social concerne tous les membres, et celui qui sort de son rôle sera rappelé à l'ordre. Le « qu'en dira-t-on » est un argument de poids. La justification du maintien du *statu quo* social ne repose pas en premier lieu sur la valeur intrinsèque du système, mais sur la nécessité de maintenir l'ordre social et de défendre les pratiques qui le soutiennent. Un membre de la communauté peut sortir de son rôle... ailleurs ; pourvu qu'il ne mette pas en question l'ordre social... chez lui ! Ce qui dans la société française s'appelle l'hypocrisie équivaut dans des sociétés traditionnelles au respect de l'ordre social. Les membres de ces sociétés peuvent donc agir d'une certaine façon non pas parce qu'ils sont persuadés que c'est la seule ou la meilleure façon, mais par peur d'être rejetés de la communauté.

Les conceptions et structures traditionnelles peuvent survivre en France quand une communauté réussit à se regrouper sur un même territoire. Le contrôle social peut alors fonctionner, pour le meilleur et pour le pire.

Hésitations politiques

Les règles élaborées pour rendre possible le « vivre ensemble » accordent à tous les citoyens la protection et les contraintes du statut de « sujets de droit ». Mais tous ceux qui se trouvent sur le sol national ne sont pas considérés comme des citoyens, même s'ils y travaillent parfois depuis de nombreuses années : les « sans-papiers » n'entrent pas dans le cadre juridique normal ; le droit qui s'applique (ou qui devrait s'appliquer à eux...) est le droit humanitaire, que les administrations et la police ne semblent pas toujours connaître aussi bien que la loi nationale.

Ces situations sont souvent dramatiques mais, du côté des « sans-papiers », ne renvoient pas directement à un problème culturel. S'il y a un problème culturel dans ce domaine, il est dans la culture administrative et la culture policière qui réduisent le « sans-papiers » à un « sans-droits », conformément à l'esprit protectionniste et électoraliste qui est souvent celui des élus et des gouvernements.

Il existe des domaines où la politique française et la question des différences culturelles sont entremêlées, des domaines qui interrogent soit les travailleurs sociaux, soit les usagers de leurs services et qui ont des incidences sur l'intégration culturelle et sociale. Il s'agit en particulier de l'acquisition de la nationalité française, de la participation politique (avec le droit de vote et le droit d'association) et de la prévalence dans certains cas du droit personnel (étranger) sur le droit français.

L'acquisition de la nationalité française

Dans l'idéologie classique, l'acquisition de la nationalité française – appelée aussi naturalisation – est considérée comme l'aboutissement normal du processus d'intégration. En prolongeant son séjour sur le territoire national, l'étranger devient « naturellement » quelqu'un de « chez nous », à moins de résister à l'acculturation et de vouloir rester à l'écart de la « communauté nationale ». Dans cette perspective classique, qui produit surtout une confusion entre nationalité et identité, la double nationalité est une anomalie.

L'idée que la nation est une communauté au sens strict n'est pas encore morte : selon une idéologie courante, l'appartenance nationale doit être affective, les futurs citoyens doivent aimer la France, s'inscrire dans son histoire, partager ses idéaux [13]. C'est une idée partagée par bon nombre d'hommes politiques et par les populations autochtones et allochtones. Il arrive que des étrangers, surtout des jeunes, refusent la nationalité française, qu'ils assimilent à un abandon de leur communauté d'origine, voire un reniement, et cela provoque chez eux un sentiment de culpabilité [14].

En réalité, ceux qui demandent l'accès à la nationalité française ne changent pas pour autant de culture et d'identité. Il y a simplement une appartenance qui s'ajoute à d'autres, qui facilite la vie (en donnant, par exemple, accès à la fonction publique, en mettant à l'abri de menaces d'éloignement, en permettant d'éviter

---

13. À ce propos, on cite encore volontiers le discours sur la nation qu'Ernest Renan fit à la Sorbonne le 11 mars 1882 (Ernest RENAN, *Qu'est-ce qu'une Nation ?* Presses Pocket, Paris, 1992) ; aux États-Unis cette idéologie est encore forte.
14. *Cf. Migrations Société*, volume 14, n° 80, mars-avril 2002 (dossier : « Regards sur les questions de nationalité en Europe »).

de multiples tracasseries administratives...). La perte de la nationalité d'origine n'est pas une perte des aspects identitaires liés à cette origine. L'éducateur peut aider le jeune à relativiser la portée de la demande de naturalisation en expliquant qu'elle relève plus d'une démarche administrative et juridique que d'une prise de position en faveur d'une culture au détriment d'une autre.

La confusion est entretenue par une terminologie inadaptée. Il y a d'abord le terme de « naturalisation », qui fait croire qu'acquérir une nationalité différente provoque un changement au niveau de la nature... On parle de papiers d'*identité* là où il faudrait parler de papiers de *nationalité*. Les expressions « vos papiers » et « papiers d'identité » renvoient d'abord à la carte d'identité « nationale ». Et l'on entend même parler de choisir sa nationalité comme s'il s'agissait de troquer une identité contre une autre, et comme si les deux appartenances étaient exclusives l'une de l'autre. Si l'on pense en termes de sphères d'existence autonomes, la question du choix ne se pose même pas.

Pour les non-communautaires européens, l'acquisition de la nationalité française est requise pour avoir accès au droit de vote. En France, seule la nationalité crée la citoyenneté. Des partisans du droit de vote pour les étrangers, sous certaines conditions, notamment de séjour, poussent au bout la logique qui fait du droit du sol[15] le fondement de l'appartenance nationale.

Les droits politiques

Aux yeux de nombreux Français, ce droit paraît assez normal pour la participation aux élections locales pour des personnes qui, par la durée de leur séjour, sont intégrées à la vie de la « communauté locale ». À leurs yeux, un ressortissant étranger peut très bien être intégré localement, sans pour autant l'être nationalement.

---

15. Le droit du sol (*jus soli*) est le droit qui résulte de la naissance ou de la durée de la résidence sur le territoire, par opposition au droit du sang (*jus sanguinis*) qui prend en compte l'ascendance, souvent le lien à la nationalité du père.

Quoi qu'en dise la doctrine officielle, l'intégration dans la société nationale est presque toujours médiatisée par l'intégration dans des groupes, milieux ou communautés plus proches de l'individu [16], et c'est à ces milieux ou institutions que l'on pense en premier en parlant du droit de vote, comme c'est le cas pour les élections prud'homales et pour l'inscription dans un parti politique.

Le droit d'association n'est plus soumis, en France, à une réglementation spéciale. Il peut y avoir une reconnaissance officielle de fait par l'attribution de subventions. Cette reconnaissance dépend du rôle que l'association joue dans les processus d'intégration. Elle fonctionne souvent comme porte-parole d'une communauté.

Il est utile, pour ne pas faire une confusion entre associations communautaires et associations communautaristes, de faire une distinction entre les communautés qui réclament un statut dérogatoire et celles qui demandent une dérogation au droit commun. Le premier type n'a pas sa place en France, parce que sur le plan juridique (donc aussi quant au statut devant l'administration) il ne peut y avoir deux statuts qui s'appliquent à la même personne. En revanche, il peut y avoir de la souplesse dans l'attribution de dérogations qui n'ébranlent pas dans le fond le principe du droit commun pour tous, par exemple en autorisant les migrants qui viennent de loin à cumuler leurs jours de vacances pour pouvoir partir deux ou trois mois une fois tous les deux ans. Il existe une différence entre la création d'un État dans l'État et la reconnaissance de quelques exceptions à l'intérieur d'un État qui n'a plus à craindre son éclatement.

Il ne peut être question, par exemple, de reconnaître un droit coutumier qui viendrait se juxtaposer au droit français ; en revanche, reconnaître telle ou telle coutume (par exemple célébrer une fête avec un jour de congé spécial ou aménager un lieu de culte dans une usine) n'implique pas une soustraction au droit commun, sauf si le geste ou la coutume signifient expressément

---

16. *Cf.* Antonio PEROTTI, *Migrations et société pluriculturelle en Europe*, L'Harmattan, Paris, 1996.

une opposition aux fondements de la République, par exemple la liberté de ne pas subir de pression de la part de groupes prosélytes ou l'égalité des hommes et des femmes. De même, la reconnaissance est impossible dans le cas où la coutume n'atteint pas seulement une loi de la République mais plus encore les droits fondamentaux de l'être humain, par exemple pour le cas de l'excision. Encore faut-il correctement définir ces droits. Le recours à la Déclaration universelle des droits de l'homme ne doit pas être abusif, pour qu'elle garde son autorité.

À présent, de larges secteurs des populations européennes attendent beaucoup de l'obtention du droit de vote. Pour le droit de vote local, les choses sont en bonne voie, bien que la France soit en retard sur les pays environnants. Pour le vote national, les choses sont plus compliquées. Tous ceux qui se préoccupent des problèmes d'intégration attendent beaucoup de ce droit, qui est une reconnaissance de la citoyenneté et qui fera que l'étranger reconnaît la France comme son pays.

Un effet similaire est attendu de la naturalisation. La question est toujours de savoir si le droit de vote ou la naturalisation couronnent un processus d'intégration (devenir électeur ou français « se mérite », entend-on parfois dire) ou si l'octroi de ces droits fait partie d'un processus pédagogique encourageant l'intégration.

Devant les difficultés à trouver leur place en France, les sans-papiers et les sans-abri interpellent administrations et milieux politiques, s'appuient sur des solidarités ethniques, religieuses ou politiques, et de nombreux travailleurs sociaux s'associent à leurs demandes.

Le travailleur social et la politique

Traditionnellement et pendant longtemps, les travailleurs sociaux, en tant qu'agents rémunérés par l'État, n'ont que très peu critiqué la politique sociale de celui-ci, tout en privilégiant l'approche individuelle pour insister sur l'intégration de l'individu ou de la famille dans la société nationale. La promotion des personnes, de leur milieu et surtout de la famille impliquait leur reconversion culturelle, aplanissant les différences avec la société d'accueil. Cette action visait en fin de compte à faire disparaître le milieu d'origine, par exemple dans le cas des gens du voyage à travers les placements d'enfants ou par la sédentarisation forcée. Ces pratiques ont heureusement fait place à une approche où le respect de l'autre et de sa culture prend une grande place. La décentralisation et la multiplication consécutive des employeurs de travailleurs sociaux (Conseils départementaux et régionaux, municipalités, associations...) ont introduit des pratiques beaucoup plus variées et moins rigides. La compréhension de l'intégration s'est « dénationalisée » au profit d'une intégration locale.

Certains milieux professionnels privilégient l'action communautaire à forte connotation politique. Le soutien que des travailleurs sociaux peuvent parfois accorder à ces mouvements se situe dans la ligne d'action sociale préconisée aux États-Unis dans les années 1960 par Samuel Alinsky. L'idée à la base de ce type d'action était de transformer en forces sociales autonomes les milieux qui dépendaient trop de l'assistance publique. La démarche individuelle d'intégration devait être secondaire par rapport à l'intégration collective. L'action faisait appel à des associations de quartier ou des regroupements ethniques, en insistant sur la notion d'identité collective. Les communautés pouvaient exister partout où l'on pouvait faire appel à des sentiments, des idées, des situations ou des histoires partagées. Aujourd'hui, les travailleurs sociaux préfèrent pour la plupart s'engager dans des mouvements de proximité, qui sont politiquement moins agressifs. Ils peuvent y faire entendre la voix de ceux qui n'arrivent pas encore à exprimer leurs besoins et aspirations, et exercer des pressions sur les pouvoirs publics lorsqu'ils jugent que ces besoins et aspirations sont légitimes.

Cette évolution n'évacue pas la dimension politique de toute intervention sociale : dans n'importe quel conflit, le rapport de force des protagonistes est souvent décisif. Dans un conflit à base culturelle, si rien ne s'y oppose, il y a assimilation : le plus faible passe sous les fourches caudines du plus fort. Dans la perspective communautaire, le militant disait : « On n'intègre qu'à partir d'une situation de force.» L'autonomie à acquérir se situait surtout dans le domaine du droit, soit dans le but de faire respecter des droits devant une administration parfois cavalière, soit dans celui d'obtenir de nouveaux droits, notamment pour l'obtention de permis de séjour, de permis de travail et de (re)logement [17]. Citons à cet égard un rapport de Bernard Stasi adressé au Premier ministre : « Rien n'empêche les travailleurs sociaux de s'associer à une demande qu'il soit créé, à l'instar de pays voisins, une autorité indépendante à forte coloration juridique [18].»

La participation du travailleur social à ce type d'action politique est assez délicate. Il a le droit de s'opposer aux orientations préconisées par le gouvernement de l'État, dans la mesure où il dépend aussi et surtout de la société civile, dont il doit défendre les droits fondamentaux. L'État ne se confond pas avec la société, même s'il a toujours la tentation de le faire. Le travailleur social fonctionne comme intermédiaire entre les citoyens et les administrations étatiques pour remédier aux situations de détresse et d'injustice. À ce titre, il peut, dans certains cas, soutenir une action collective antigouvernementale qui améliore l'intégration d'individus, de familles ou de groupes dans la société, par exemple dans certains cas d'immigration appelée clandestine. Pour éviter de se mettre en conflit avec son employeur, le travailleur social peut agir indirectement en faisant appel à une association [19].

---

17. Ce rôle est aujourd'hui assumé en France par des mouvements tels que AC!, le DAL ou les mouvements de sans-papiers.
18. Ce rapport est disponible sur Internet : www.ladocumentationfrancaise.fr/brp/notices/044000074.shtml
19. Par exemple le GISTI (Groupe d'information et de soutien des immigrés) : 3, Villa Marcès, 75011 Paris. Le GISTI édite notamment la revue *Plein Droit* ; *Le Guide de l'entrée et du séjour des étrangers en France*, La Découverte, Paris, 2003 ; *Le Guide de la protection sociale des étrangers en France*, La Découverte, Paris, 2002. Site Internet : www.gisti.org

Par ailleurs, il doit souvent rendre des comptes au Conseil général ou régional, ou à la municipalité dont il dépend et dont les directives ne sont pas toujours claires et cohérentes les unes avec les autres. Quelles orientations sont à privilégier ? Un Conseil général peut être, sur ce point de l'intégration des étrangers, en conflit avec la mairie. Au lieu de regretter cette diversité, le travailleur social peut en profiter pour avancer les pions qu'il estime les meilleurs.

Au-delà de cette complexité institutionnelle existe néanmoins une volonté communément partagée d'associer au maximum les citoyens à l'action sociale qui les concerne ; la mobilisation des forces citoyennes n'est plus vécue comme une activité subversive, surtout au niveau du quartier ; au contraire, la plupart des instances l'encouragent.

Dans ce cadre décentralisé, souple et plus ouvert, il ne s'agit pas de soutenir systématiquement toute action collective issue de milieux immigrés ou réfugiés. Les actions doivent avoir pour objectif une meilleure intégration dans la société française, et non pas contribuer à enfermer les personnes et les familles dans des carcans religieux ou idéologiques. Si un groupe de femmes immigrées demande de pouvoir disposer des locaux du centre social, le travailleur social sollicité est en droit de demander : « Pour quoi faire ? » En effet, il existe par exemple des groupes de femmes dont les dirigeantes préconisent à leurs membres de refuser que leurs enfants aillent à la piscine avec leur classe ou que leurs filles fréquentent une école mixte...

Une évolution inquiétante

Depuis quelques années, de nombreuses mesures politiques sont prises pour répondre à des peurs diffuses, à la non-maîtrise de la violence et à une aspiration démesurée à la sécurité. Elles dictent aux intervenants sociaux et juridiques une conduite à tenir qui est souvent en opposition avec aussi bien la déontologie (le secret professionnel en particulier) que les principes de droit contenus dans les directives européennes.

En effet, la recherche d'étrangers en situation irrégulière requiert de plus en plus souvent la collaboration des services sociaux, des personnels des centres d'hébergement, des centres de soin et de formation, jusqu'à demander aux écoles la dénonciation d'enfants séjournant (eux-mêmes ou leurs parents) illégalement en France. Si les travailleurs sociaux répondaient à cette injonction et se transformaient en collaborateurs de la police, ils perdraient rapidement la confiance des usagers. Les sommations témoignent d'une méconnaissance déplorable du rôle des travailleurs sociaux. Ces derniers peuvent résister à ces atteintes à leur déontologie, en faisant éventuellement appel à la mobilisation de réseaux et d'organisations professionnelles et aux instances européennes.

Les instances européennes peuvent également être appelées à la rescousse pour pallier une autre anomalie : le refus d'aider les Bulgares et les Roumains (surtout ceux qui sont catalogués comme des Roms [20]) à recevoir un traitement égal à celui des autres citoyens communautaires. Non seulement ces membres de l'Union européenne sont souvent privés d'allocations et de prestations sociales, mais encore ils peuvent faire l'objet de rapatriements en masse dans leurs pays d'origine. La Halde (Haute autorité de lutte contre les discriminations et pour l'égalité) a ainsi dû condamner la pratique des Caisses d'allocations familiales (CAF), qui leur refusaient le bénéfice des prestations familiales, au prétexte de l'irrégularité de l'entrée des enfants sur le territoire national.

La cohabitation avec les « autres » semble devenir de plus en plus pénible pour de larges couches de population. Dans tous les pays, les écarts se sont creusés entre riches et pauvres, ce qui pousse les premiers à se protéger de plus en plus contre l'« invasion » des

---

20. *Cf.* Jean-Pierre LIÉGEOIS, *Roms et Tsiganes*, La Découverte, coll. « Repères », Paris, 2009. Voir aussi, du même auteur, le chapitre XVI de *Roms en Europe*, Éditions du Conseil de l'Europe, Strasbourg, 2007.

seconds en créant des espaces réservés, en accentuant l'opposition entre centre-ville et banlieue ou entre cités de banlieue. Non seulement les résidences protégées se multiplient, mais des murs doivent séparer ceux qui sont chez eux et ceux qui ne le sont pas. On construit des murs entre nations et entre quartiers pour se protéger des risques d'invasion. L'enfermement devient une solution populaire, y compris pour se débarrasser de jeunes délinquants ou de personnes atteintes de troubles mentaux. La mondialisation entraîne la tendance perverse de s'enfermer, d'enfermer les autres entre semblables et de laisser les moins nantis à leur sort. Cette tendance à la ségrégation sécuritaire offre évidemment un mauvais terreau pour l'instauration de relations interculturelles. Paradoxalement, le ghetto, qui est un produit combiné de racisme et de pauvreté, offre à ses habitants une certaine sécurité vis-à-vis de l'extérieur et un espace d'entraide. Lorsque la discrimination rend l'accès à l'emploi difficile hors du ghetto, le réseau à l'intérieur permet de trouver des boulots de dépannage. Mais dans un espace dominé par les hommes, et surtout par de jeunes hommes, les jeunes filles et les femmes peuvent être traitées avec machisme et être obligées de renoncer, dans leur comportement, à une part de la liberté qu'ont les filles dans la société environnante [21]. L'accès à l'autonomie individuelle, qui est l'objectif final de l'intervention sociale, devient de ce fait encore plus compliqué que d'habitude.

De nombreux intervenants sociaux s'interrogent sur le rôle qu'ils peuvent jouer dans ce contexte de ségrégation et sur le rôle que les pouvoirs publics veulent leur faire jouer. Il n'est plus question de médiation entre l'individu et la société avec ses administrations, mais de mise en œuvre d'une politique en totale contradiction avec le rôle et la déontologie sur lesquels le travail social a été bâti.

---

21. *Cf.* la description de ces situations que fait Didier LAPEYRONNIE (en collaboration avec Laurent COURTOIS) dans *Ghetto urbain. Ségrégation, violence, pauvreté en France aujourd'hui*, Robert Laffont, Paris, 2008.

3

L'EXPÉRIENCE DE LA MIGRATION

La migration est une expérience originale qui marque la vie des personnes et de leurs milieux, laisse des traces. C'est une expérience qui modifie la relation du migrant adulte vis-à-vis de sa société et de sa culture d'origine, et le met dans une position particulière par rapport au pays d'accueil. Cette expérience développe des références particulières chez les enfants qui grandissent dans des familles aux structures traditionnelles, mais qui par ailleurs subissent aussi l'influence de milieux modernes.

Que se passe-t-il dans l'esprit et le comportement des étrangers lorsqu'ils sont obligés d'envisager des changements culturels ? Quels sont les espoirs, attentes, réticences, souffrances ? Où sont les passerelles ? Ces questions ne se posent pas seulement à propos des migrants de nationalité étrangère : beaucoup de nationaux ayant changé de région ou s'établissant en métropole pour ceux qui proviennent des DOM-TOM savent de quoi il s'agit.

Entre « ici » et « là-bas »

La migration est un phénomène vieux comme l'humanité, antérieur à la sédentarisation. Certains chercheurs disent qu'il est plus naturel de migrer que de rester chez soi. Cependant, les migrations ne se ressemblent pas, sauf dans leur objectif : aller chercher de quoi vivre ou mieux vivre, pour soi, mais surtout pour la descendance. Leur expérience est contrastée, faite de nostalgie et de volonté de changement [1].

Aspiration à une vie meilleure et nostalgie

L'expérience de la migration entraîne chez ceux qui viennent de loin une remise en question de leur rapport à leurs origines, une réévaluation de leur échelle de valeurs et une adaptation de leur vie quotidienne, y compris religieuse. Et la question de leur culture d'origine, qui dans un premier temps était oblitérée par le besoin de gagner de l'argent, de régulariser la situation administrative ou de profiter de la nouvelle liberté acquise, revient avec force quand les enfants commencent à grandir, à poser des questions sur leur identité et à revendiquer des libertés insolites [2].

Les migrants dont nous parlons sont principalement ceux qui vivent en famille, en situation régulière ou irrégulière, dans les quartiers populaires ; en effet, la question de l'interculturel ne se pose guère – ou se pose beaucoup moins – à des hommes seuls en foyer ou en situation irrégulière : l'instabilité ou l'isolement de leur situation fait que les problèmes de communication interculturelle ne se posent pas (encore) avec la même acuité que dans les familles dont les enfants risquent de devenir des étrangers pour les parents.

Quitter son pays, changer de paysage, laisser derrière soi des parents qui vieillissent, renoncer à une place sociale, fût-elle modeste, est une source de nostalgie, à laquelle se mêle parfois un sentiment de culpabilité. La nostalgie est une réelle souffrance, qui se fait surtout sentir lors des fêtes qui rappellent des souvenirs

---

1. *Cf.* Benjamin STORA et Émile TEMIME (dir.), *Immigrances. L'Immigration en France au XXe siècle*, Hachette littératures, Paris, 2007.
2. *Cf.* une série de monographies intéressantes sur des parcours d'immigrés : Philippe BERNARD, *La Crème des beurs. De l'immigration à l'intégration*, Le Seuil, Paris, 2004.

de jeunesse ou après un grave contretemps : maladie, divorce ou perte de l'emploi. Comme les travailleurs sociaux n'ont pas toujours fait eux-mêmes l'expérience de cette souffrance, ils n'en tiennent pas forcément suffisamment compte. Le sentiment de culpabilité s'exprime dans le souci d'investir dans le village d'origine : des témoins matériels doivent prouver que l'émigré n'a pas abandonné les siens et qu'il pense à eux.

La migration est un événement qui, chez les personnes les plus vulnérables, peut même causer des traumatismes ; cependant, tous les maux dont souffrent les migrants ne sont pas dus à la migration. Les pathologies courantes chez les migrants ont en général la même origine et sont de même nature que chez les Français dits de souche. Ce qui peut être spécifique, ce sont la vulnérabilité plus grande dans un état de détresse, l'expression du malaise, l'explication des causes du mal par les malades eux-mêmes et les attentes par rapport à la thérapie. Bien que dans certains cas cela puisse être utile, il n'est pas toujours nécessaire de faire un lien entre la pathologie constatée et la culture d'origine.

Les femmes qui rejoignent leur mari dans le cadre du regroupement familial (il arrive que ce soit le mari qui rejoigne son épouse) ne vivent pas la même expérience que les hommes. L'entrée dans la société française par le biais de l'emploi, par les contacts avec l'administration, par la préparation d'un logement permet au primo-arrivant de se familiariser plus vite avec le nouvel environnement que les personnes qui le rejoignent dans le cadre du regroupement familial. Les épouses arrivées quelques années après leurs maris se retrouvent ainsi dans le cadre familial confinées à leur rôle traditionnel, alors que les hommes entrent, à l'extérieur, plus intensément en contact avec la modernité. Ces femmes seront alors surtout à l'aise avec d'autres femmes, de même origine et vivant la même expérience. La conviction (presque toujours démentie) de n'être là que provisoirement ne les pousse pas à multiplier les contacts avec l'« extérieur ». Les maris, ayant acquis de nouvelles libertés, ne pensent pas toujours à les partager avec leurs épouses.

L'expérience des réfugiés politiques originaires de la ville est encore différente. Ils connaissent aussi la nostalgie. Leur bagage culturel, différent de celui des paysans, peut les aider à vaincre plus rapidement les obstacles de la communication. Le déclassement social est souvent leur lot ; il leur faut repartir presque de zéro et, pour mettre toutes les chances de leur côté, ils essayent au plus vite de faire oublier leur statut social antérieur et leurs origines étrangères. Il existe chez eux une forte aspiration à une nouvelle promotion sociale, mais elle sera pour les enfants et les petits-enfants. D'autres, déçus par l'accueil qui leur est fait, ne s'ouvrent pas plus que nécessaire à la société d'accueil et continuent à chérir un improbable projet de retour.

La migration offre l'occasion de repartir de zéro. Pour certains, c'est une perspective exaltante ; pour la majorité, c'est une souffrance. L'expérience la plus douloureuse est le sentiment de ne plus être reconnu socialement, de ne plus « être personne » pour les autres. Une identité que l'on pouvait s'attribuer auparavant n'existe plus. Tout le réseau identitaire est à reconstruire, à partir de zéro. Cela se fait progressivement, dans la douleur, mais lorsque, malgré les efforts, la méconnaissance par les autres persiste, la dépression n'est pas loin. Les pères de famille qui ressentent un manque de considération dans l'environnement français peuvent alors, pour récupérer un peu de leur pouvoir, tenir fermement à leur statut à l'intérieur de la maison et diriger la famille de façon très traditionnelle et autoritaire.

La personne déplacée malgré elle peut aller jusqu'à vouloir ignorer qu'elle vit dans une société étrangère. C'est le cas de certains réfugiés, mais aussi d'épouses de migrants économiques qui ont dû suivre leurs maris sans qu'on leur demande leur avis. C'est comme si elles suspendaient leur existence en attendant le retour. Elles vivent la migration comme une parenthèse. L'intervention d'un thérapeute se révèle alors indispensable pour éviter que le mal-être de la mère n'entraîne ses enfants dans la même dépression.

L'expérience de la migration n'est pas la même pour les jeunes qui sont arrivés en France à l'adolescence et ceux qui sont arrivés très jeunes ou nés ici. Les premiers sont culturellement plus solidaires de leur famille que les derniers qui ont été socialisés dans un environnement culturel et religieux plus hétérogène.

Le rapport au milieu d'origine

Les travailleurs sociaux peuvent aider les migrants à envisager d'une façon réaliste leur rapport au milieu d'origine et à un éventuel projet de retour. C'est un rapport complexe : affectif, économique et culturel, qui se situe dans un contexte international ou interrégional politique et économique. Le tout enraciné dans une histoire collective et une mémoire personnelle.

Le rapport affectif

Peu de migrants ont envisagé dès le début leur départ comme définitif. Ce sont surtout les réfugiés qui, constatant que la situation qui les a conduits à quitter leur pays n'est pas prête d'évoluer, envisagent pour de bon de s'installer ailleurs.

L'émigré « économique » pense au début que son exil est provisoire, et c'est seulement au bout de quelques années que son expérience le convainc du caractère durable de son émigration. Cela ne l'empêche pas de rester présent dans son village d'origine en y construisant une maison, en y envoyant des mandats ou en y passant (une partie de) ses vacances. Il pense ainsi que sa place au pays d'origine reste ouverte et se donne l'illusion qu'en cas de retour le milieu qu'il a quitté l'accueillera à bras ouverts. Il pense aussi que le village ne bouge pas, qu'il le retrouvera tel qu'il l'a quitté ; il peut même l'idéaliser comme un havre de paix pour ses vieux jours, oubliant qu'après tant d'années d'absence peu de gens le reconnaîtront. Ses familiers ont appris à se passer de lui ; ils n'ont peut-être pas envie de lui ouvrir la maison qu'il a pourtant construite pour lui-même, mais où ils se sont installés pour l'entretenir.

S'il n'a jamais effectué un regroupement familial, arrivé à l'âge de la retraite, il a prévu de se réinstaller chez sa femme et ses enfants, mais ces derniers aussi ont appris à vivre sans lui ; ils ont évolué, ne respectent plus le mari et le père comme les siens auraient fait autrefois, et lui, de son côté, a pris des habitudes de célibataire et de Français que les autres supportent difficilement. Résigné à passer le reste de sa vie en France, il lui reste la possibilité de retrouver un bout de sa terre d'origine dans une minicommunauté, le foyer pour travailleurs ou le quartier, un lieu de culte, un café, une fête religieuse ou nationale, un cours de langue, un terrain de foot...

Le rapport économique

La famille nombreuse d'une région agricole pauvre voit partir (ou envoie) ses enfants à la ville avec crainte et espoir. Crainte, parce que la vie en ville peut à leurs yeux mener facilement au péché. Espoir, parce que, en gagnant mieux sa vie, la famille aura des ressources pour payer les impôts ou faire réparer le toit de la maison. Gagner de l'argent est le moteur principal des migrations, et tous les travailleurs sociaux ont connu des immigrés qui se sont tués au travail pour aider leurs parents, faire construire une maison « là-bas » et payer une bonne école à leurs enfants, au détriment du temps consacré à ces mêmes enfants qui avaient pourtant besoin d'un peu de présence... La plupart de ces parents ont connu la misère et des humiliations dans leur région d'origine ; l'argent était à leurs yeux le seul moyen de sortir de cette existence misérable et de faire en sorte que la génération suivante ne subisse pas le même sort. Au-delà de la recherche d'argent, ces migrants visaient la reconnaissance sociale. Celle-ci est plus importante dans le village d'origine qu'en France. À la rigueur, ils se résignent à être déconsidérés en France ; ce qui importe, c'est la considération obtenue chez ceux qui autrefois les méprisaient. Construire une belle maison, pouvoir discuter d'égal à égal avec les notables du village, faire bonne figure pendant les vacances, faire profiter les parents des commodités modernes, tout cela est possible avec de l'argent.

Il y a aussi les réflexes de solidarité, que certains présentent parfois comme un modèle pour montrer combien en Occident nous sommes peu solidaires, en comparaison des sociétés africaines où la solidarité est portée au sommet de l'échelle des valeurs. De façon plus réaliste, observons que la solidarité en Afrique et dans le monde arabe reste souvent limitée aux contours du clan (où elle est effectivement très grande), tandis qu'en France elle est plus anonymement organisée par les caisses de la Sécurité sociale.

Pour vaincre les appréhensions provoquées par le départ, les migrants prouvent leur réussite par la distribution de cadeaux pendant les vacances au pays (cadeaux pour lesquels ils ont peut-être contracté des dettes) ; pour montrer qu'ils n'ont pas oublié leur village, ils construisent une maison que probablement jamais ils n'occuperont, et enfin, pour prouver qu'ils n'ont pas pris les mauvaises habitudes de la ville, ils se montrent respectueux des mœurs et de la religion, finançant à l'occasion la construction d'un édifice religieux. Parfois, les enfants venus de France en vacances sèment un peu de trouble par leur franc-parler et leurs tenues vestimentaires, mais cela ne gâche pas la fête.

Un risque courant est de voir, au bout de quelques années, le village finir par laisser les terres en friche pour se contenter de vivre des mandats envoyés par ceux qui sont partis travailler en France. Aux yeux de ceux qui sont restés au village, les émigrés sont riches. En même temps, aux yeux des Français, les mêmes immigrés sont pauvres. Ils occupent les emplois délaissés par les nationaux, généralement mal payés, dangereux et précaires. Ils habitent dans les quartiers dont les familles françaises partent dès qu'elles en ont la possibilité.

Pour ces émigrés qui font vivre leur famille voire leur village, la perte de l'emploi est une vraie catastrophe. Pendant un temps, des allocations et des caisses communautaires peuvent suppléer pour continuer à faire illusion aux gens du village, mais ces ressources ont des limites. Et comme le voyage pour rentrer au pays coûte cher et qu'il serait impossible d'arriver au village les mains vides, de plus en plus de migrants ne sont pas retournés dans leur village d'origine depuis plusieurs années.

Ce n'est pas seulement l'état du marché de l'emploi qui est en cause ; la régularisation des situations administratives est aussi de plus en plus problématique. La question des papiers dont ces émigrés ont besoin et qu'ils n'obtiennent pas augmente l'angoisse et la colère. Les rigidités administratives et juridiques peuvent les conduire à des actes que ne réalisent que ceux qui n'ont plus rien à perdre. Pour payer leur passage en France ou ailleurs, ils ont souvent vendu tout ce qu'ils possédaient, voire contracté des dettes. Ces dettes peuvent se répercuter sur les parents restés au village, mais ce qui pèse le plus est la perte de considération que subit l'émigré qui n'a pas réussi. Impossible de retourner au village sans avoir réussi son projet. Si le retour est imposé par l'administration française, le migrant ne sauvera son honneur que par un nouveau départ, qui le remettra dans la même galère, avec encore moins de moyens et de chances de s'en sortir.

Le sort le plus triste est réservé aux jeunes femmes à qui l'on a promis un travail dans la restauration et qui se retrouvent sur le trottoir d'une ville française. Non seulement elles exercent un métier dangereux et humiliant, mais les proxénètes les tiennent en main en faisant peser des menaces sur les parents restés dans le pays d'origine.

Pour les travailleurs et les familles qui ont pu s'installer en France, les questions économiques ne sont donc pas simples. La parentèle au village, parfois nombreuse, espère vivre de la manne. Elle ignore les sacrifices que les migrants font pour envoyer un mandat. Les attentes sont souvent excessives. Vu de « là-bas », l'émigré gagne tous les mois un petit capital dont on pense qu'il pourrait envoyer au moins la moitié dans sa famille. L'« oncle d'Amérique » est mis sous pression et fait parfois des choix mal compris par l'entourage français.

Les rapports culturels

Le migrant est arrivé en France pourvu d'un bagage culturel. Celui-ci est parfois réduit, lorsque le statut social ne lui a pas permis d'avoir accès aux ressources culturelles de son pays, mais parfois ce bagage lui a permis de vivre dans son village, d'y occuper un statut et d'y exercer des rôles, autrement dit d'y construire une identité. Sans être naïf au point de croire qu'il peut traverser les mers et trouver de l'autre côté une terre identique à la sienne, le migrant ne réalise souvent pas la portée à long terme de son départ et pense souvent qu'avec son bagage culturel, il va pouvoir s'insérer dans le nouveau pays et gagner sa vie convenablement.

Les émigrants vont vers une terre promise. Si les changements qu'ils doivent affronter et les idées nouvelles qui les assaillent sont supportables, la froideur de l'accueil en revanche dépasse habituellement l'image qu'ils s'étaient forgée de la France et peut tuer l'envie d'accepter les sacrifices culturels à faire. La dureté du dépaysement et le malaise éprouvé face à l'environnement culturel dominant provoquent souvent un retour affectif vers la culture de la région d'origine, doublé d'une idéalisation de cette culture.

Ceux qui font tout ce qu'ils peuvent pour s'insérer en France restent plus influencés par leur terre d'origine qu'ils ne le pensent souvent. Le passé les poursuit, en particulier si, pour des raisons matérielles, ils continuent à cultiver des liens en prolongation avec ce passé. L'émigré qui rentre « chez lui » au bout de quelques années fait l'amère constatation qu'il n'est plus tout à fait chez lui : il a changé, et pas seulement en surface.

Il est clair que jamais l'individu ne se débarrasse des premières expériences de sa vie (langage, impressions sensorielles, rapports humains, catégorisations, etc.) et qu'en avoir clairement conscience lui permet d'assumer ce conditionnement primordial. Ces premières expériences font partie intégrante de ce qu'il est et influenceront durablement son comportement, ses savoirs, son affectivité. On ne change pas de culture comme on change de vêtement. Et même si la volonté de changement est là, la sensibilité ne suit pas toujours. Des migrants qui ont essayé de changer de culture trop vite l'ont souvent payé par une névrose.

Connaître et assumer son passé sont des opérations nécessaires à chaque individu. Difficile de savoir où l'on va si l'on ne sait pas d'où l'on vient. L'enracinement dans une culture n'est pas toujours conscient, et les enfants et les jeunes ont tout intérêt à connaître l'histoire dans laquelle ils s'insèrent, et à en assumer les heurs et malheurs. C'est quand ce travail d'élucidation a été fait que l'individu devient capable de prendre du recul, de prendre conscience de ses conditionnements et de s'en libérer. Il devient alors capable d'expliquer à ses enfants pourquoi il fait ceci et pas cela, au lieu de répéter la tradition sans savoir pourquoi et en référence à une origine de plus en plus fantasmée.

Certains ethnopsychiatres simplifient trop cette problématique. En cas de problèmes psychiques, il serait selon eux bénéfique de renvoyer les enfants et les jeunes à leur origine culturelle, de les réinsérer dans le monde que la migration a fait quitter à leurs parents. Cela peut se faire par un renvoi dans le pays d'origine (des parents) ou par l'intervention d'un sorcier, magicien, cheikh, guérisseur, quimboiseur, ici ou là-bas. Ce retour a parfois des effets très bénéfiques, mais il risque aussi de charger le milieu d'origine d'une responsabilité qui devrait pouvoir s'exercer en France.

Le retour

Lorsque l'immigré originaire d'une société traditionnelle regarde en arrière, il voit son village comme un havre de sécurité. Il oublie ce qui lui faisait grincer les dents : les revenus instables et dérisoires, le poids du regard des autres et l'enfermement dans un statut social, le mépris qui pesait sur lui de la part des notables, les mauvaises langues qui réduisaient l'espace de sa liberté d'action.

Le séjour dans la société moderne l'a fait goûter aux joies et aux angoisses de l'existence individualisée. Il ne peut plus s'inscrire entièrement dans la discipline de la famille patriarcale ou de la société despotique. Il est trop faible individuellement pour changer les mœurs de son pays, où il retrouve une vie sociale peu démocratique ; à moins de retrouver « là-bas » une situation politique ou économique qui lui permette de se tailler un territoire d'autonomie, il va certainement aspirer à retourner dans un pays moderne. Les foyers de travailleurs immigrés sont de plus en plus peuplés de retraités qui préfèrent vivre dans le désert de la zone industrielle que dans celui de leur région d'origine.

Même si affectivement les émigrés restent surtout liés à leur terre « là-bas », la plupart de ceux qui rentrent dans leur pays s'installent dans ou à proximité d'une ville. Plusieurs raisons poussent à ce choix. Pour ceux qui souhaitent rentrer au pays et qui n'ont pas encore atteint l'âge de la retraite, la réussite du retour dépend de l'opportunité de trouver un emploi. Pour les femmes, c'est le souhait de retrouver une maison confortable, avec de l'eau courante, froide et chaude, de l'électricité, des soins sanitaires et des moyens de transport. Pour les jeunes, c'est l'occasion de sortir le soir ou de faire des études. Pour presque tout le monde, c'est d'échapper au contrôle social encore en vigueur dans les villages. Les émigrés veulent bien passer une partie de leurs vacances à visiter les vieilles connaissances et à vivre dans des conditions d'autrefois, mais ils ont désormais de nouvelles exigences, plus faciles à satisfaire en ville qu'à la campagne.

Le gouvernement français a connu quelques déboires avec les primes attribuées aux immigrés qui acceptaient de rentrer au pays d'origine. Nombre de ceux qui étaient partis avec la prime sont revenus en France, et cela pas nécessairement par malhonnêteté : ils ne réussissaient tout simplement pas à se réinsérer à nouveau « là-bas ». Parfois, c'était à cause des enfants qui se sentaient français et ne supportaient pas les contraintes de la vie traditionnelle. Certaines mères de famille étaient malheureuses pour les mêmes raisons. Enfin, les calculs pour installer un petit commerce ou acheter un taxi étaient mal faits ; ils n'avaient pas pris en compte l'augmentation du coût de la vie, ni la nécessité d'avoir à partager leur richesse avec un entourage dépendant des revenus des migrants. Lorsque de Roms originaires de Roumanie sont renvoyés dans un pays où ils retrouvent exactement la même situation bloquée qu'au premier départ, ils ne voient d'autre solution que de tenter à nouveau l'aventure.

Le retour n'est généralement pas une solution pour ceux qui n'ont pas réussi à s'intégrer en France, car il s'agit d'une autre migration. Ceux qui en rentrant au pays s'en sont sortis le mieux sont les mêmes qui avaient réussi leur intégration en France, ceux qui étaient capables de surmonter les problèmes liés à une transplantation et de s'adapter à un nouvel environnement.

Les migrants sont conscients de toutes ces difficultés et se résignent la plupart du temps à rester auprès de leurs enfants en France. Mais cela ne les empêche pas de rêver et de parler du retour [3].

Effets de la migration sur la famille

En traversant une frontière, le migrant abandonne une place familière et opère un saut dans l'inconnu, qui va l'amener à se repositionner par rapport à son milieu d'origine et à trouver des repères dans son nouvel environnement. Sommé de tous côtés de changer de mode de vie, au moins pense-t-il trouver dans sa vie familiale un îlot préservé. Mais l'extérieur fait irruption dans l'intérieur, et tout est à repenser...

Le rôle primordial de la famille

Hassan est arrivé du Maroc il y a deux ans. Après beaucoup de problèmes administratifs et de nombreux petits boulots précaires, il a fini par trouver un emploi correct. Il a dû promettre à son employeur qu'il apprendrait à conduire au plus vite. Au bout de trois mois, il n'a toujours pas pris de leçon. Son employeur lui demande des explications. Hassan répond qu'il n'a pas d'argent...

---

3. Pour aller plus loin : *Hommes et Migrations*, n° 1235, janvier-février 2002 (dossier : « Flux et reflux »).

Ses amis français n'ont pas pris en compte le fait que l'argent gagné par un fils ou une fille appartient aux parents. Les parents de Hassan sont au Maroc. Ils l'avaient aidé pour payer son passage en France. Maintenant qu'il gagne de l'argent, c'est à eux qu'il doit penser d'abord. Là-bas, ce serait mal compris qu'il fasse passer l'obtention du permis avant le soutien à ses parents.

Une des composantes constitutives de la structure familiale est la distribution des tâches à accomplir par chaque membre pour la survie du groupe. Chacun a son rôle et l'exercice de celui-ci lui donne droit à une certaine place dans la famille et dans la société : c'est son statut. Le respect des rôles est vital pour la vie du groupe, à l'image des habitants des polders des Pays-Bas qui devaient tous s'occuper d'un bout de la digue qui les séparait des eaux. Si l'un des habitants ne faisait pas son devoir, tout le monde risquait l'inondation. Le contrôle social doit aider à assurer l'accomplissement des tâches.

La plupart des regroupements, collectivités et autres structures sociales se sont calqués sur ce modèle de la famille élargie. Peu à peu, cependant, ont commencé à naître, surtout en Occident, des cultures institutionnelles qui s'écartent du modèle familial. Dans la société moderne, chaque domaine de la vie sociale fonctionne selon ses propres règles, avec une certaine autonomie, et appliquer le modèle de la famille élargie à un autre domaine que la famille, à l'entreprise par exemple, fait encourir le reproche de paternalisme.

Le mélange de l'ancienne conception avec la nouvelle se manifeste, par exemple, lorsque des jeunes attendent de l'État qu'il leur assure un emploi, ou quand, accédant à l'emploi, ils s'attendent à ce que le patron ou le chef se comporte avec eux comme un père. Ils pensent parfois que le juge est un père ou un sage pour qui la loi est secondaire. Le gendarme dans le village d'origine était un éducateur, et le policier en ville ne joue plus ce rôle. Il est fréquent que des familles immigrées attribuent aux assistantes sociales ou à d'autres conseillères un rôle de maman ou de grande sœur. C'est une reconnaissance qui fait plaisir, mais qui a pour conséquence de créer d'autres devoirs et faveurs, qui débordent ceux attachés à la fonction : invitations aux fêtes et petits cadeaux, prêts de voiture ou d'argent, tous les services que l'on attend des membres de la famille font, dans l'esprit de ces familles, partie du service social. Lorsqu'on demande à un travailleur social d'intervenir, c'est comme si l'on s'adressait à un frère ou une sœur plutôt qu'à une institution.

Des explications sont nécessaires. La diversification des types de relations et le changement d'échelle impliquent un changement dans l'intensité affective et dans le degré d'adhésion qui est demandé aux résidents. Plus le village s'agrandit, plus l'affectivité perd de l'importance et plus c'est le droit impersonnel qui doit régler les rapports entre les individus et les groupes.

Évolution de la famille

Mamadou travaille depuis des années au service voirie de la mairie de Paris. Un jour, il annonce l'arrivée de son frère. Or celui-ci ne porte pas le même nom que lui et il s'avère qu'ils n'ont ni le même père, ni la même mère... Mamadou illustre la situation où les enfants de la tante maternelle (dans les sociétés matrilinéaires) ou de l'oncle paternel (dans les sociétés patrilinéaires) sont considérés comme frères et sœurs. Dans le premier cas, cela se traduit par un nom de famille différent.

Le mot « famille » est souvent source de malentendus. En Afrique, il évoque souvent un ensemble d'une centaine de personnes alors qu'en France il peut désigner simplement une maman avec un enfant. Dans les pays occidentaux, la notion de famille devient de plus en plus floue. Les familles monoparentales sont de plus en plus fréquentes, de même que les familles recomposées, dans lesquelles les liens du sang sont souvent ténus. Les membres se cooptent en fonction d'affinités ou d'intérêts, plutôt que sur une base physique, et peuvent rompre leurs liens quand l'affinité a disparu. La catégorie des beaux-pères, belles-mères, demi-frères et demi-sœurs a désormais le vent en poupe.

L'expérience de la migration

Et les travailleurs sociaux qui s'arrachaient les cheveux pour connaître les liens précis d'une famille africaine commencent à faire la même chose pour recomposer une famille bien française !
Pendant longtemps, et cela vaut encore dans de nombreuses sociétés plutôt traditionnelles, le mot famille rassemble tous ceux qu'un lien de sang enferme dans une communauté d'origine et de destin, communauté renforcée par l'apport de maris et d'épouses. En Afrique traditionnelle, cette « famille élargie » peut réunir jusqu'à deux cents personnes sous la houlette d'un chef. Les relations entre les membres d'une pareille famille sont très étroites. D'ailleurs, souvent, les oncles s'appellent des papas, les tantes des mamans, les cousins sont des frères et les cousines des sœurs. Ce sont – mais de plus en plus c'étaient – des entités bien structurées, avec hiérarchies et divisions du travail. Les intérêts de la famille priment sur tous les autres, y compris ceux des individus. La solidarité entre les membres existe du fait de liens du sang indissolubles et non en fonction d'affinités conjoncturelles[4]. Dans la ville moderne, les oncles et tantes, cousins et cousines n'ont pas une importance capitale. Le choix du parrain ou de la marraine est généralement fait parmi les amis des parents. En Chine, où le modèle de l'enfant unique prime depuis plusieurs années, les oncles et les tantes, les cousins et les cousines, les neveux et les nièces deviennent une espèce presque en voie d'extinction.

L'imprécision nous oblige à nous demander en permanence de quelle famille nous parlons. Nous avons habituellement de la famille une idée qui nous vient de notre propre passé, de notre propre culture. Si la famille nucléaire n'est plus le modèle le plus courant dans certaines agglomérations urbaines, elle imprègne encore notre discours, de la même façon que la famille élargie est encore à l'arrière-plan du discours africain.

---

4. Avant la destruction du mur de Berlin, les Polonais parlaient de leurs « frères russes » et de leurs « amis français », en commentant : « On choisit ses amis, mais pas sa famille. »

Il existe dans le monde au moins une quarantaine de types de famille. Il ne s'agit pas de tous les connaître, mais de savoir relativiser le type moderne occidental ou, mieux, les types modernes occidentaux. Ils se distinguent surtout par la place que la culture assigne à chacun avec plus ou moins de précision. Le flottement dans les rôles et statuts ainsi que dans l'attribution des droits et des devoirs revêt une très grande importance dans les questions d'identité [5].

Une place pour chacun

Pour un travailleur social, il est important de comprendre que son interlocuteur a peut-être une représentation différente de sa propre place dans la société, voire de la place de chacun. Il ne doit pas non plus s'offusquer si son interlocuteur lui demande s'il est marié, s'il a des enfants... Ce n'est pas une simple curiosité : l'interlocuteur peut désirer savoir à qui il a affaire, et pour cela la place dans une famille est un indicateur important, il peut trouver normal que la personne à qui il a expliqué avec confiance sa situation familiale fasse de même à son tour.

Hommes et femmes

Les fonctions vitales, qui devaient assurer la survie des membres du groupe à travers le temps, étaient : se nourrir quotidiennement, enfanter, éduquer les enfants, maintenir la cohésion du groupe à l'intérieur et face aux attaques de l'extérieur.

Dans la répartition traditionnelle des tâches, celles qui devaient assurer la survie biologique des individus et des groupes sont revenues aux femmes (tout ce qui tourne autour de la

---

5. *Cf. Hommes et Migrations*, n° 1232, juillet-août 2001 (dossier : « Vie des familles »), et Emmanuel JOVELIN (dir.), *Le Travail social face à l'interculturalité. Comprendre la différence dans les pratiques d'accompagnement social*, L'Harmattan, Paris, 2002 (en particulier les contributions de Emmanuel Jovelin et Georges Ntsiba sur les familles d'Afrique Noire, et de Saïd Bouamama, Emmanuel Jovelin et Hadjila Sadsaoud sur la famille maghrébine).

naissance, de la petite enfance, de la nourriture, de la santé) : leur domaine relevait donc de la « nature ». Aux hommes d'organiser cette nature pour la maîtriser, pour y mettre de l'ordre, pour en protéger les ressources contre des attaques ennemies, pour en canaliser les forces, pour en éviter les débordements : leur domaine relevait de la « culture ».

Cette distribution, en principe abolie dans la société moderne, y a pourtant laissé des traces. On constate ainsi que les métiers techniques sont toujours plutôt occupés par les hommes et les métiers de soins par les femmes.

Pour certains hommes, il est alors logique que l'homme (le mâle), chargé de maîtriser la nature, doive aussi maîtriser la femme, l'être naturel par excellence. Éventuellement en utilisant sa plus grande force physique [6]. Dans ce qui est incontestablement une différence biologique, la distribution rigide des tâches a introduit une différence hiérarchique. Cette distribution des rôles est de plus en plus mise en question. Le rapport moderne à la nature créé par les sciences et les technologies a rendu inacceptable l'ancienne distribution des rôles entre êtres de nature et êtres de culture.

Selon ces conceptions hiérarchiques traditionnelles, la femme est considérée comme le prolongement de l'homme, comme un être incomplet, qui a toujours besoin de la tutelle d'un homme, que ce soit son père, son mari ou son frère, pour la protéger et l'empêcher de transgresser la tradition, ce qui peut lui coûter très cher. Les hommes en revanche n'ont pas besoin d'être protégés et ont le droit de faire des incartades.

La même logique produit une séparation, parfois étanche, entre le monde quotidien des hommes et celui des femmes, en particulier autour de la Méditerranée. Non seulement chacun est enfermé dans son monde, mais il ne connaît pas celui de l'autre sexe. Les femmes vivent entre elles, et leur demeure est la maison, où elles règnent en maîtresses. L'homme quant à lui est au-dehors, dans les endroits

---

6. Pour aller plus loin : *Hommes et Migrations*, n° 1248, mars-avril 2004 (dossier : « Femmes contre la violence »).

où les hommes discutent du présent et de l'avenir de la société, et où une femme n'a pas sa place. La méconnaissance réciproque qui résulte de la séparation des sexes nourrit les fantasmes qu'un sexe se fait sur l'autre.

La modernité récuse cette division sexuée des rôles, du travail et du monde. Mais le principe de l'égalité ne supprime pas la différence des sexes : un travailleur social masculin reste un homme, une travailleuse sociale reste une femme, et cela est toujours très important pour les personnes originaires de cultures où l'égalité des sexes n'est pas en vigueur.

Face à une personne originaire d'une société traditionnelle, le travailleur social masculin aura souvent pour interlocuteur le mari ou le fils aîné de la femme dont il suit le dossier. De même, une travailleuse sociale aura davantage affaire aux épouses et aux jeunes filles, qui renverront souvent la responsabilité des décisions au mari ou au père. En fait, la prise de décision est plus complexe, mais pour une épouse il est commode de pouvoir se cacher derrière la décision du mari. Publiquement, ce doit toujours être ce dernier qui décide.

Certains services sociaux ont pris l'heureuse initiative d'embaucher des employées originaires d'un milieu fort représenté dans le quartier. Ces médiatrices [7] ont le grand avantage de connaître les langues et les mentalités de leurs interlocuteurs, mais cela peut poser problème vis-à-vis des hommes, qui risquent de ne pas vouloir s'adresser à une femme de leur culture mais « hors normes », alors qu'ils auraient sûrement accepté l'intervention d'une Française.

Nombre d'éléments de la relation homme-femme traditionnelle n'ont plus leur raison d'être. Avoir beaucoup d'enfants pour travailler aux champs n'est plus une richesse. Mais surtout, l'activité professionnelle des femmes procure des revenus qui contribuent à leur indépendance. Pour certaines, la réussite professionnelle est vécue comme étant aussi importante que la réussite familiale.

---

7. Le rôle des médiateurs sera examiné dans le chapitre 6.

Si l'évolution vers l'égalité des sexes ne s'accomplit pas plus rapidement, c'est parce que, d'un côté comme de l'autre, existe la peur de perdre son statut, de modifier son rôle et d'avoir à refonder son identité sur d'autres bases inconnues. Les hommes, qui considèrent leur autorité sur les femmes comme une composante importante de leur identité, ne pousseront pas au changement. Mais l'émancipation de la femme n'est pas seulement une question d'égoïsme collectif des hommes : les femmes aussi peuvent trouver dans le statut et les rôles traditionnels la satisfaction de savoir qu'elles ont une place dans la société. Elles préfèrent parfois une place sûre, quoique inférieure, à l'inconnu qui surviendra avec la prise d'autonomie.

De même que le rapport fondamental, universel entre homme et femme s'est réalisé différemment selon les cultures, de même l'évolution des rapports de sexe qui est en train de s'accomplir ne prendra pas partout la même forme. Et chacun doit savoir que la naissance de nouveaux rapports hommes-femmes ne se fera pas sans douleur !

Les travailleurs sociaux ont, en général, choisi leur camp dans cette évolution, ce qui fait que des maris autoritaires interdisent à leur(s) femme(s) d'aller voir une assistante sociale qui a la réputation d'être une « faiseuse de divorces ». Mais pour de nombreuses femmes, relativement enfermées dans le monde traditionnel, la travailleuse sociale est le modèle d'une femme « autre », plus convaincante que celle des séries romantiques vues à la télévision.

Mère et père

Dans de nombreuses sociétés, la préoccupation de la survie et de la puissance du groupe dépendait tellement de la fécondité des femmes que la maternité était devenue la destinée principale de la femme et en même temps le lieu de sa valorisation suprême. Une jeune fille n'acquérait le statut d'adulte qu'en mettant au monde des enfants. Toute son éducation l'y préparait. Et plus une femme avait d'enfants, plus son prestige social était grand. Et plus elle commençait jeune, plus elle pouvait en avoir. Ce rôle prestigieux a fait d'elle, dans certaines régions du monde, le pivot officiel de la société, mais même dans ces sociétés matrilinéaires les hommes ont récupéré, dans la plupart des cas, le pouvoir politique. Les sociétés traditionnelles marginalisent les femmes qui n'ont pas voulu ou pu avoir d'enfants. Et c'est toujours la femme qui est considérée responsable en cas de stérilité, jamais l'homme.

Quand la femme qui a grandi dans ce contexte culturel se retrouve dans une société moderne, tout ce qui donnait un sens à sa vie est remis en question. Les travailleurs sociaux lui recommandent de ne pas se marier trop jeune et de ne pas faire un enfant tous les ans. Elle apprend qu'il existe même des moyens pour éviter de tomber enceinte et pour avorter. Elle se rend compte qu'avoir de nombreux enfants est un handicap pour trouver un logement et représente une source de pauvreté. Mais surtout, il n'y a plus de repères culturels. Les façons de mettre au monde, de langer, masser, nourrir, transporter les enfants ne sont pas celles que les femmes ont apprises de leurs mères. Langue et alimentation, vêtements et relations sociales, tout change. Tout ce qui était valorisant ne l'est plus, et inversement. La maternité n'est qu'une des façons de réaliser sa vocation de femme, et pas la plus prestigieuse. Il faut être femme, avant tout, et en plus gagner sa vie et se rendre autonome par rapport à son mari. Cette autonomie suppose un apprentissage douloureux, qui dissuade beaucoup de femmes. Des travailleurs sociaux qui avaient libéré une femme battue d'un mari violent ont souvent déchanté après lui avoir trouvé refuge dans un foyer : au bout de quelques jours, la femme rejoignait volontairement son domicile et son mari. La liberté que donne la rupture avec une famille oppressive est aussi une source d'insécurité que toutes ne peuvent pas supporter. Le bouleversement est énorme et conduit certaines femmes à se replier sur la tradition [8], même si elles n'y trouvent que des avantages très limités.

---

8. *Cf.* Albert NICOLLET, *Femmes d'Afrique noire en France*, CIEMI-L'Harmattan, Paris, 1992.

Les travailleurs sociaux qui reçoivent des Africains ont toujours intérêt à savoir quelle personne se cache derrière le titre de père ; il est courant, dans la famille élargie africaine, d'attribuer ce titre à tous les hommes adultes qui s'occupent de l'éducation d'un enfant. Lorsqu'il est dit dans la législation française (dans plusieurs articles du code civil) qu'il faut « gérer son patrimoine en bon père de famille », il n'est pas sûr que Chinois et Africains agiront d'une façon identique à la française : un père n'est pas bon selon les mêmes critères.

Le rôle traditionnel du père est l'exercice de l'autorité. Il représente la loi. La mère, en tant que femme, est chargée de distribuer la tendresse, de consoler, mais pas de punir. Tout au plus peut-elle menacer du retour du père... Autrefois en France, et encore aujourd'hui ailleurs, le père était responsable du comportement des enfants et pouvait les châtier, à la différence de la mère qui continuait à défendre ses petits, même devenus grands, quel que soit leur comportement.

Dans l'émigration, ce type d'autorité exercée par le père tend à s'effriter, du fait de la nécessaire soumission à la loi nationale qui peut contredire la tradition, par exemple dans les domaines des châtiments corporels et de la scolarisation obligatoire. L'autorité et le prestige du père reposent alors surtout sur sa capacité à nourrir sa famille. Même dans ses relations au pays d'origine, les familiers « là-bas » ne le jugent pas seulement sur sa capacité d'élever ses enfants, mais aussi sur celle d'envoyer des mandats aux parents qu'il a quittés.

Le couple : marché matrimonial et lien conjugal

Le mariage d'amour est apparu tardivement dans l'histoire. Dans nombre de sociétés, le couple se formait rationnellement. Le souci du patrimoine et de la bonne alliance entre familles primait sur l'existence de sentiments amoureux. Le mariage arrangé était la règle, le mariage d'amour l'exception. Les divorces étaient rares et on assistait plutôt à des répudiations pour cause d'infidélité ou de stérilité (dans les deux cas, de la femme uniquement). D'ailleurs, il n'y a pas encore si longtemps, en France, il était culturellement admis qu'un homme avait une femme (souvent imposée par le milieu) pour avoir des enfants et une maîtresse (choisie par lui-même) pour l'amour.

Dans toutes les sociétés, les mariages constituent donc des enjeux importants. Il y a des mariages valorisants et d'autres dévalorisants, ce qui en fait une préoccupation permanente pour les parents. Les aspects financiers ne sont pas négligeables, car souvent se posent des questions de dot, mais le prestige social est également un élément important. Pour une fille originaire d'un pays du tiers-monde, épouser un Français est un gage de liberté et de prospérité ; mais ses parents, plus attentifs à la prospérité et au prestige qu'à la liberté, lui préfèrent un compatriote vivant en France. Un garçon originaire de ces pays qui épouse une Française résout par ce mariage son problème de titre de séjour et de travail, et s'il épouse une Française de la même origine culturelle que lui, cela lui assure en plus des relations matrimoniales traditionnelles. En revanche, de jeunes Maghrébins ou Africains, ayant acquis ou non la nationalité française, ont parfois du mal à trouver des épouses s'ils ont adopté le style de vie et les idées de la société d'accueil : ils ne sont pas toujours facilement acceptés par les parents des Françaises « de souche » qui ne croient pas à la « modernité » des candidats, et les parents de même origine culturelle peuvent s'y opposer parce que ces jeunes ont selon leurs critères des idées trop « modernes ». De leur côté, les filles d'origine immigrée peuvent se méfier des garçons issus de l'immigration, qu'elles peuvent trouver soit trop traditionnels si elles sont plutôt émancipées, soit trop modernes si elles sont elles-mêmes très liées à la tradition...

La situation précaire sur le plan familial, jointe à des mauvais traitements et à la prise de conscience d'un autre mode d'existence possible, conduit souvent dans le bureau du travailleur social des femmes désireuses de changer de vie. Les travailleurs sociaux ne peuvent faire autre chose que d'aider ces femmes à acquérir leur

L'expérience de la migration

autonomie, mais cela est plus vite dit que fait. Elles viennent d'une société où l'autonomie n'existe pas pour les femmes : c'est à la fois un rêve de liberté et une source d'angoisse, un processus qui demande un long accompagnement. Évidemment, les maris ne l'entendent pas de cette oreille et font tout ce qui est en leur pouvoir pour éviter l'intervention du travailleur social.

Dans la société occidentale moderne, lorsque des jeunes se marient, ils quittent leurs parents, pour s'attacher principalement à leur conjoint. Les obligations par rapport à celui-ci priment sur l'attention portée aux parents, aux frères et aux sœurs. Ce n'est pas partout pareil. Autour de la Méditerranée et en Afrique, un homme est le fils de sa mère avant d'être le mari de son épouse, d'où le rôle important attribué à la belle-mère. En Asie, les frères, sœurs et parents restent les premiers dans l'attention de chaque conjoint. Les grands-parents y jouent un rôle essentiel dans l'éducation des enfants. En Afrique, la solidarité des garçons avec leurs camarades de la même classe d'âge reste très forte.

Dans ces sociétés, il y a donc dans la vie du couple de nombreuses occasions aussi bien pour se disputer que pour se réconcilier : tout le monde intervient dans l'histoire du couple, soit pour le former, soit pour le détruire, soit pour le remettre sur les rails. La bonne marche du couple concerne tout le monde. Pour la conclusion du mariage, des entremetteuses ont souvent un rôle tout à fait reconnu socialement. Pour la remise sur des rails, le rôle de la conseillère conjugale peut se borner à trouver dans l'environnement du couple les bons médiateurs. On peut évoquer l'exemple de cette conseillère conjugale qui avait donné rendez-vous à un jeune couple et qui, le jour prévu, voit se présenter quatre couples, soit huit personnes. Le premier réflexe de la conseillère fut de vouloir recevoir seulement le couple en difficulté. Mais devant l'insistance de tous les présents, y compris du couple en difficulté, elle finit par recevoir et entendre tout le monde. Ses conseils furent discutés, puis les couples amis promirent qu'ils suivraient de près la suite de la vie du couple. Autre exemple : un couple africain et un couple français sont invités par un troisième couple français, qui traverse une période difficile. Les quatre invités n'étaient pas censés connaître la situation de ce couple mais, au milieu du dîner, l'ami africain dit : « Et maintenant, parlons du problème de votre couple. » La surprise passée chez les Français, une discussion engageant tous les présents se développa et clarifia à la fois les difficultés du couple et la conception que tous avaient de l'amitié d'un côté et de l'autre de la Méditerranée.

Parents et enfants

Traditionnellement, après le mariage viennent les naissances. S'il n'y a pas d'enfant qui s'annonce dans les quelques mois qui suivent l'union, la parentèle et le voisinage vont poser des questions au couple, parce qu'il faut perpétuer la famille et le clan. L'enfant ou plutôt les enfants (dans les sociétés de type traditionnel, on met rarement le mot enfant au singulier !) sont un enjeu collectif et l'ont toujours été, comme au moment des guerres de religion en France, où l'Église catholique encourageait les familles nombreuses afin que les catholiques deviennent plus nombreux que les protestants !

Dans la société traditionnelle, avoir des enfants n'est pas d'abord la réalisation d'un désir : c'est une chose normale quand les jeunes viennent de se marier. Avoir de nombreux enfants, et surtout des fils, comble de prestige les parents et, chose non négligeable, leur assure des vieux jours tranquilles. Dès lors, il n'est pas question de refuser ce don : la contraception et *a fortiori* l'IVG apparaissent à leurs yeux inacceptables. À la rigueur, les jeunes parents peuvent accepter d'espacer les naissances.

Dans certaines sociétés, l'attitude des parents vis-à-vis de leurs enfants se traduit par une grande permissivité jusqu'à un certain âge, puis un retournement complet à l'entrée (plus ou moins précoce) dans l'âge adulte. Chez la jeune fille, ce sont les premières règles qui changent brusquement sa situation et introduisent une séparation d'avec les garçons.

Des rites et initiations marquent souvent l'entrée dans le monde des adultes, mais ne séparent pas des parents. Une personne reste toujours un enfant pour ses parents, même si elle est devenue grand-père ou grand-mère ! Dans les milieux immigrés, cela peut perturber une vie de famille, comme en témoigne ce couple ivoirien vivant à Paris avec trois enfants, qui reçoit la visite de la grand-mère des enfants. Mécontente du comportement de sa fille âgée de quarante ans, la grand-mère la gifle devant ses petits-enfants, qui en restent profondément choqués.

Dans la société traditionnelle, un enfant ne quitte ses parents que pour fonder son propre foyer. Demander à s'installer dans un studio, pour un jeune issu de ces sociétés et vivant en France, est une aspiration que les parents comprennent mal, parce que la valeur d'autonomie ne fait pas couramment partie de la panoplie éducative. Cette remarque s'applique aussi à l'argent de poche : savoir gérer son argent est un moyen pour l'enfant d'être moins dépendant de ses parents.

En attendant le départ pour fonder une famille, les garçons font des études ou travaillent pour gagner de l'argent qu'ils doivent, en principe, remettre aux parents. Les filles, si elles ne font pas d'études, s'occupent de la maison. Ainsi, Zohra, treize ans, a deux frères plus âgés qu'elle, deux frères plus jeunes et une sœur en bas âge. Elle manque régulièrement l'école : dès qu'il y a un problème, Zohra doit garder la petite sœur quand les deux parents partent travailler. Si quelqu'un dans la famille tombe malade, c'est Zohra qui doit faire la garde-malade. L'assistante sociale, avertie par le directeur de l'école, a dû menacer de couper les allocations familiales pour assurer une plus grande régularité scolaire.

L'orientateur professionnel de l'ANPE reçoit une jeune fille maghrébine. Elle voudrait travailler près de chez elle. L'orientateur estime qu'elle a besoin d'un stage de formation de vendeuse et lui en propose un. Le lendemain, la jeune fille revient en disant que ses parents refusent la proposition. Pourquoi ? Peut-être parce que les parents considèrent que ce n'est pas un emploi pour une fille. Peut-être parce que les parents jugent qu'une fille n'a pas besoin de formation. Peut-être parce que dans la formation garçons et filles seront ensemble. Peut-être parce qu'en hiver leur fille rentrera après la tombée de la nuit... L'orientateur en a tiré les conclusions pour la suite et maintenant va voir les parents avant de faire des propositions à cette catégorie de jeunes filles.

Plusieurs éléments viennent souvent compliquer la relation des parents émigrés avec leurs enfants. Dans les familles de réfugiés arrivées en France, le chef de famille a souvent subi un déclassement professionnel considérable ; il s'en accommode, mais dans l'espoir que ses enfants remonteront l'échelle sociale. De nombreux émigrés économiques espèrent également que leurs enfants feront mieux qu'eux. Cela peut se traduire par un surinvestissement sur l'enfant qui doit absolument réussir brillamment ses études pour ne pas décevoir ses parents, avec le risque de troubles psychologiques que cela peut induire. Le fait pour les parents d'être restés en bas de l'échelle sociale peut également engendrer une forme de mépris ou de ressentiment de la part de leurs enfants. Il y a aussi des cas où l'enfant refuse de réussir à l'école pour ne pas dépasser son père qui n'a jamais été scolarisé.

Une autre complication survient dans les projets de retour vers les pays d'origine. Avec des enfants qui veulent rester en France, le retour dans le pays qu'ils ont quitté devient très problématique pour les parents. C'est ce que montre l'exemple de cette famille portugaise immigrée en France, qui décide de retourner vivre au Portugal, essentiellement à la demande des deux filles aînées, mais qui voit le troisième enfant, un garçon de douze ans, fuguer à plusieurs reprises pour essayer de revenir en France en autostop, s'estimant trop malheureux au Portugal.

Au sein de la fratrie, les aînés, qui ont grandi en France et qui sont moins marqués par la socialisation traditionnelle, tiennent néanmoins à leurs prérogatives d'aînés et sont parfois susceptibles de combler les lacunes de leurs parents. Dans la culture de ces derniers, les aînés étaient des enfants capables de porter très tôt des responsabilités, parmi lesquelles celle de s'occuper des frères et sœurs les plus jeunes.

Malgré des codes de la famille plus modernes dans les sociétés marocaine et tunisienne, l'égalité juridique de la femme n'est pas encore entrée dans les mœurs de la tradition maghrébine ; la femme reste toujours sous la tutelle d'un homme : de son père tant qu'elle n'est pas mariée, de son mari ensuite et, si le père est décédé, du fils (aîné). Ce qui peut amener à la situation suivante : un jeune homme maghrébin se présente avec sa mère au guichet de la mairie pour régler une question d'héritage : le père est mort peu de temps avant. L'employée demande à la mère de signer un papier ; le jeune homme s'y oppose car il veut lui-même signer le papier.

On pourrait croire que l'exercice de ce rôle, qui est à la fois une prise de responsabilité et de pouvoir, disparaît en France, mais tout ce qui relève de la relation entre les sexes, de la défense de l'honneur familial et de la distribution des rôles respectifs relève d'un atavisme culturel qui met beaucoup de temps à disparaître. En témoignent aussi les pressions que les jeunes des quartiers sensibles exercent sur leurs sœurs, dont certaines se révoltent en se déclarant « ni putes ni soumises[9] ».

Les anciens

En France, les grands-parents ont le droit de s'occuper de leurs petits-enfants à la demande expresse des parents (et donc quand cela convient à ces derniers). Ils sont censés ne pas se mêler de leur éducation et, surtout s'ils exercent encore des activités professionnelles ou sociales, ils se résignent à ce rôle limité avec plus ou moins de regrets.

---

9. Nom d'une association qui lutte dans les cités sensibles pour libérer les filles des diktats imposés par les hommes et surtout les frères. *Cf.* Fadela AMARA (avec la collaboration de Sylvia ZAPPI), *Ni putes ni soumises*, La Découverte, coll. « Poches », Paris, 2004.

Dans de nombreuses sociétés traditionnelles, les « vieux » ou les « anciens » (appellations témoignant d'un grand respect) jouent en revanche un rôle important à cause de leur expérience et de leur sagesse. En Asie du Sud-Est, une famille est composée de trois générations. Les liens entre les grands-parents et les petits-enfants sont aussi forts qu'entre les parents et leurs enfants. D'où les efforts désespérés des réfugiés ou immigrés originaires de cette région pour faire venir en France leurs parents, alors que les textes juridiques excluent les grands-parents du regroupement familial. Un événement significatif avait créé un certain émoi il y a quelques années dans le quartier dit « chinois », à Paris : désespéré de ne plus pouvoir s'occuper de ses petits-enfants, un sexagénaire laotien s'était jeté par la fenêtre. Ses voisins (des compatriotes) avaient alors mis en cause ses enfants qui, complètement « francisés », lui auraient enlevé son rôle éducatif.

« Les Français mettent leurs vieux à l'hospice » est un reproche que l'on entend souvent dans la bouche des immigrés. L'individualisme des enfants n'est pas seul en cause : nombre de parents ne souhaitent pas habiter chez leur fille ou leur fils, ou plutôt chez leur gendre ou leur bru (qui ont aussi des parents de leur côté), et préfèrent conserver leur autonomie. L'installation dans une résidence pour retraités est une possibilité, vivre seul dans un petit appartement en est une autre. Ces choses sont difficiles à comprendre pour des personnes qui, instruites par la tradition, se sentent responsables du bien-être de leurs parents. Pour elles, ce n'est pas tellement une question d'amour filial ; c'est plutôt vécu comme un devoir normal. Ce serait un manquement à l'honneur que de laisser ses parents vivre seuls.

Dans un proche avenir, les institutions du travail social et surtout les logeurs seront de plus en plus confrontés au problème du nombre grandissant de travailleurs immigrés retraités, et de plus en plus âgés, dans les foyers pour travailleurs seuls. Ces travailleurs ont été trop longtemps absents de leur village d'origine pour y avoir encore une place ; et en France, ce n'est pas la vie en foyer qui les a préparés à prendre un studio en ville. Malgré l'appel d'associations, les crédits disponibles pour adapter les places dans les foyers à ce type de population sont pratiquement inexistants [10].

Rôles et statuts en suspension

Le changement de statut et de rôle que subissent les personnes qui passent d'une société traditionnelle à une société moderne est un processus pénible, en particulier pour celles qui se retrouvent dans une situation précaire [11]. La tentation existe alors de sauver tout ce qu'elles peuvent de leur statut ancien [12]. Pour des hommes qui n'ont connu que des échecs, leur seul lieu de reconnaissance sociale est souvent le foyer, où ils peuvent exercer leur domination sur les femmes et, parfois, l'autorité absolue sur les enfants. De nombreux êtres humains ne se sentent exister que par leur supériorité imaginaire, mais socialement reconnue, sur d'autres êtres humains.

Il ne leur vient pas à l'idée que les rôles et statuts des personnes n'expriment ni leur nature, ni leur caractère, ni leur valeur. Ils ne pensent pas davantage à s'interroger sur les hiérarchies, parce que, s'ils subissent une domination, ils peuvent aussi en exercer à leur tour. Ils s'y retrouvent. Sans cette hiérarchie, ils ne se situeraient nulle part. Ils défendent des idées fausses sur leur supériorité relative et, si quelqu'un les critique, ils diront qu'il faut respecter leur culture, parce que dans leur milieu « c'est comme ça que cela se passe ». Un accompagnement peut être utile pour les persuader que la valeur des personnes ne tient pas à leur étiquette, mais à des qualités humaines propres à chacun,

---

10. *Cf. Migrations Santé*, n° 99/100, 1999 (dossier : « La retraite dans la trajectoire migratoire).

11. *Cf.* Annie ERNAUX, *La Place*, Le Seuil, Paris, 1983. L'auteur y décrit les tensions qu'elle vécut dans son milieu familial lorsque, fille d'ouvrier, elle voulut devenir institutrice et donc « sortir de sa condition ».

12. Une illustration très intéressante : PHAN THI DAC, *Situation de la personne au Vietnam*, CNRS, Paris, 1966.

indépendamment de son étiquette sociale. La démocratie est aussi le passage de l'aristocratie à la méritocratie [13].

Dans certaines cultures, la notion d'égalité n'a pas beaucoup de sens. L'inégalité n'y est pas voulue, elle existe tout simplement et est maintenue en l'état parce que l'on n'imagine pas qu'il puisse en être autrement. Prétendre que la femme est l'égale de l'homme apparaît comme une idée saugrenue. La hiérarchie y est considérée comme étant d'ordre naturel, alors que pour les Occidentaux elle est artificielle, s'appuyant sur une conquête du pouvoir du plus fort sur le plus faible, et doit être abolie. Mais, à l'opposé des sociétés occidentales, on trouve aussi des sociétés qui ne tolèrent aucune inégalité en richesse ; celui qui possède quelque chose de plus que les autres doit le partager avec ceux qui pourraient en avoir besoin.

Ces convictions sont plus faciles à défendre face à quelqu'un qui a été élevé dans la société moderne, où les rôles et statuts des personnes sont plus aléatoires que dans une société traditionnelle, où l'identité dépend principalement du rang occupé dans la société.

La distribution des rôles et des statuts est la clé de voûte de la société traditionnelle, parce que la survie du groupe en dépend. L'intérêt de la collectivité décrite comme un corps prévaut sur celui de chaque membre ; la question n'est pas de savoir ce qui assure le mieux l'épanouissement de chaque membre, mais ce que chaque membre doit faire pour que l'ensemble se porte bien. La socialisation insiste sur la conduite à tenir pour être accepté par la société. Toutes les décisions concernant l'avenir des jeunes sont prises dans cette perspective : éducation aux rôles et au métier, choix du conjoint...

Le poids accordé aux rôles et aux statuts fixes empêche une rapide évolution des relations entre générations et entre sexes. Pour qu'un individu accepte de renoncer à un statut acquis, il lui faut la certitude de pouvoir en acquérir un autre et jouer un rôle

---

13. *Cf.* Alexis DE TOCQUEVILLE, *La Démocratie en Amérique*, tome II.

dans le nouvel environnement ; il n'acceptera de renoncer à des composantes de son identité que si le pays d'accueil lui permet de la reconstruire. C'est parce qu'il constate qu'il peut réussir ailleurs que le jeune est prêt à affronter éventuellement son milieu familial ou que l'épouse se permettra de rechercher une plus grande autonomie face à son mari.

4

LE DIALOGUE INTERCULTUREL

L'interculturel est un effort pour dépasser la situation multiculturelle. Cette dernière est un fait, tandis que l'interculturel est un projet de société. L'interculturel ne peut se réaliser que dans les échanges marqués par une volonté de compréhension réciproque. Nombreux sont les acteurs sociaux qui font ainsi de l'interculturel sans le savoir. Mais, malgré toute leur bonne volonté, ils se retrouvent parfois dans des situations où règnent des malentendus, dans le sens littéral du mot.

Habituellement, les obstacles qui se présentent dans le dialogue font des différences de langues les premières accusées. Mais il y a des coupables bien plus sournois qui participent au dialogue, des coupables à la fois indispensables et pervers : les représentations.

L'écran des représentations

Dans toute rencontre, les interlocuteurs mobilisent des perceptions partielles, des expériences personnelles, des raisonnements, des histoires significatives à leurs yeux, le tout synthétisé dans une mémoire sélective, partagée ou non avec d'autres. D'un côté, ce mélange d'imaginaire, d'affectivité et de faits réels facilite l'entrée en contact, mais, d'un autre côté, il peut faire écran à un véritable échange.

Représentations, préjugés, stéréotypes et racisme

Dans le travail social, la communication ne s'instaure pas d'emblée entre deux individualités qui s'apprécient à leur juste valeur : on trouve en effet, d'un côté, le représentant d'un service social et, de l'autre, une personne ou une famille qui sollicite un service. D'un côté un professionnel disposant de pouvoirs, de l'autre un usager en position de demandeur. Même s'ils ne se sont jamais rencontrés auparavant, les deux interlocuteurs se connaissent déjà d'une certaine manière. Le travailleur social a sa propre connaissance du milieu marocain ou srilankais ; l'usager a déjà son idée sur les Français, les travailleurs sociaux et, si son interlocutrice est une femme, sur le sexe « faible ». Cette connaissance est de l'ordre des représentations, fruit parfois d'une expérience individuelle, mais surtout d'une perception collective. Le dialogue dans le cadre du travail social va-t-il renforcer ces représentations ou amener les interlocuteurs à des jugements plus nuancés ?

Le travailleur social doit être conscient de ces interférences dans sa propre perception et dans celle de ses interlocuteurs. Découvrir leur existence et en tenir compte est une condition pour arriver à une relation saine dans laquelle les représentations font place à une juste perception.

La représentation est comme une hypothèse de travail : on se lance dans la rencontre avec une connaissance approximative de l'autre : « Je connais des gens comme lui, je sais ce que l'on en dit, j'ai mon expérience de personnes qui lui ressemblent. » L'expérience baigne dans la perception collective, conditionnée par l'histoire et par des intérêts nationaux ou corporatistes qui ont fait naître des généralités, appelées préjugés. Quand les préjugés passent pour des évidences et revêtent une forme fixe, concise, imagée, percutante, facilement transmissible, on parle de stéréotypes. Ceux-ci s'enracinent dans des perceptions où l'émotivité l'emporte de beaucoup sur la raison et servent à conforter des identités collectives. C'est pour cela que les arguments de la raison sont si peu efficaces face aux stéréotypes. Enfin, lorsqu'on oublie que ces représentations positives ou négatives ne sont que des hypothèses de travail et qu'on les prend pour des certitudes auxquelles la réalité doit se soumettre, on tombe dans le racisme.

Il existe certainement des racistes parmi les travailleurs sociaux, ou plutôt il peut y avoir des actes qui relèvent du racisme. Mais on peut supposer que les racistes, en général, ne cherchent pas à exercer le métier de travailleur social. En revanche, les travailleurs sociaux, comme tout le monde, ont des préjugés et véhiculent des stéréotypes. Ces généralisations ne méritent l'appellation de racisme que lorsqu'elles s'accompagnent du refus d'être remises en question, alors même que la réalité les contredit. Ainsi, au lieu de se dire : « Je dois réviser ma perception », le raciste dit : « L'exception confirme ma règle. » Avoir des préjugés est un phénomène normal, ne pas les reconnaître comme tels est une attitude raciste.

L'examen attentif de la réalité sociale montre que les populations qui véhiculent le plus de stéréotypes sur les étrangers sont celles qui les connaissent et fréquentent le moins, et qui se fient à la rumeur publique, celles qui sont en concurrence pour l'emploi ou le logement, et enfin celles qui se croient ou sont victimes d'actes de violence. Certains Français sont effectivement devenus racistes après avoir vécu dans des conditions désastreuses des situations où les différences culturelles étaient source de tension, mais les stéréotypes sont tout aussi fréquents dans les quartiers aisés ou les villages où il n'y a pas de contacts avec des étrangers, des populations immigrées ou réfugiées.

Rares sont les travailleurs sociaux qui, à la suite du refus opposé à un usager du service, ne se sont pas entendu reprocher un jour d'être racistes. Du côté des personnes qui émettent ce jugement, il s'agit évidemment de donner mauvaise conscience à celui qu'elles assimilent souvent à l'ancien colonisateur ou au défenseur d'un ordre social jugé injuste. C'est pour elles un moyen pour tenter d'obtenir à bon marché gain de cause quand, physiquement, verbalement ou légalement, elles sont dans une situation de tort ou de faiblesse. Ces personnes s'inscrivent dans la tendance qui consiste à attribuer à des causes morales, affectives, sentimentales ce qui est en fait d'ordre politique ou structurel.

Le racisme est une notion très extensible [1]. On y inclut souvent toute forme de rejet, de préjudice ou de discrimination que subit un groupe ou quelqu'un à cause de son appartenance à ce groupe. C'est ainsi qu'on en est arrivé à parler improprement de « racisme antijeunes », tandis que c'est l'usage de la notion (non scientifique) de race qui est à la base du racisme proprement dit.

Le racisme prend des formes très différentes, allant de l'évitement jusqu'au génocide, en passant par des pratiques discriminatoires, des attaques verbales et physiques. Mais la logique à l'œuvre est la même : il s'agit toujours de se convaincre de sa propre supériorité, en dénigrant les autres. Le système des castes en Inde ou l'esclavage feutré des Noirs dans le sud du Maroc et le Sud algérien font plutôt penser à un « racisme social », dont l'objectif n'est pas de détruire l'autre, mais de le soumettre et de profiter à bon compte de sa force de travail. Si ce réflexe s'apparente au racisme, c'est que leurs auteurs ne reconnaissent pas des individus, mais seulement des membres de catégories sociales ou de tribus.

Le raciste lui-même d'ailleurs se sent souvent autorisé à agir anonymement non seulement parce qu'il est lâche, mais encore parce qu'il pense agir au nom d'un intérêt collectif. Le raciste qui est obligé de reconnaître l'individualité d'un membre d'un groupe racisé peut se comporter avec lui correctement ; ce raciste ne veut pas faire de mal à une personne qu'il connaît, mais déteste le groupe auquel ce dernier appartient ; il fait alors la différence entre

---

1. *Cf.* Michel WIEVIORKA, *La France raciste*, Paris, Le Seuil, 1992 ; et Pierre-André TAGUIEFF, *Que faire face au racisme ?* La Découverte, Paris, 1990 ; *La Force du préjugé. Essai sur le racisme et ses doubles*, La Découverte, Paris, 1988.

l'individu et son groupe. Il peut dire, par exemple : « Je n'aime pas les Arabes, mais mon meilleur ami est algérien. »

Les stéréotypes et leur usage raciste ont pour fonction d'éviter le rapprochement avec l'autre, de justifier une mise à distance et de flatter un sentiment de supériorité. Les modalités de cette mise à l'écart correspondent à des besoins divers. L'un de ces besoins est le souci de rester sur la même longueur d'onde que ceux qui, dans le milieu social ou professionnel, professent la même opinion. Un policier, par exemple, aura du mal à ne pas se laisser influencer par son environnement professionnel, qui semble partager certains préjugés.

À l'inverse, d'autres milieux cultivent plutôt une opinion misérabiliste. Les professionnels qui sont le plus directement confrontés à la détresse humaine, parmi lesquels les travailleurs sociaux, et qui voient surtout les ressortissants étrangers ou d'autres cultures dans des situations de misère, sont naturellement tentés de tirer de cette perception des généralisations misérabilistes pour toute une catégorie sociale. Les 5 ou 10 % d'une population qui ont des problèmes font alors oublier que 90 ou 95 % de cette même population n'en posent pas.

Du côté de l'étranger, l'erreur de perspective peut être aussi grande. Les rejets ou mauvais traitements dont il est l'objet, parfois ou systématiquement, de la part de certains individus ou services peuvent lui faire oublier tous ceux qui travaillent pour lui dans un souci d'égalité et avec générosité. Ceux qui ont été victimes d'une injustice, ne pouvant s'en prendre à l'auteur de cette injustice, se retournent spontanément contre une personne ou un groupe qu'ils considèrent comme solidaires de la personne ou du groupe raciste.

Les erreurs de perception ou de perspective qui se traduisent en généralisations abusives ne sont pas dénuées d'enracinement dans une réalité sociale ou historique [2]. Lorsqu'un peuple a été

---

2. Un ouvrage qui met en place bien des idées reçues : Edgard WEBER, *Maghreb arabe et Occident français*, Publisud, Paris, 1989.

La question interculturelle

colonisé par un autre peuple pendant plus d'un siècle, des représentations réciproques se sont forgées et persistent longtemps après la fin de cette colonisation [3].
Chacun croit que sa façon de faire, de penser et de sentir est naturelle, et non culturelle. Une personne non avertie, constatant dans un contact ordinaire une différence culturelle avec son interlocuteur, aura tendance à en tirer la conclusion que la culture de l'autre est inférieure à la sienne. Elle dira par exemple : « Les X n'ont pas le sens de l'heure. » L'ethnocentrisme culturel ignore qu'il peut y avoir d'autres façons de gérer son temps. À la rigueur, il est possible de dire : « Les X n'ont pas le même sens de l'heure que nous. »

Le stéréotype est franchement raciste lorsqu'on naturalise un trait culturel. La différence culturelle devient alors un obstacle définitif à l'intégration, parce que les racisés sont jugés incapables d'évoluer, de changer de comportement. « Tel père, tel fils », dit-on. Pauvres humains, ceux qui n'ont d'autre destin que de reproduire leurs parents !

Il existe aussi des stéréotypes dits positifs, des préjugés dits favorables. Dire des Africains qu'ils ont le sens du rythme (le naturaliste dit sans arrière-pensée négative qu'ils l'ont dans le sang) relève du même processus d'attribution collective. Le malheureux Sénégalais qui ne sait pas danser ne serait donc pas un « authentique Africain ». Ces stéréotypes portent en général sur des qualités secondaires qui n'effacent pas un jugement globalement négatif. Ils peuvent traduire aussi une insatisfaction par rapport à notre propre culture : nous ne savons plus danser ; chez nous, il n'y a pas assez de politesse.

Ainsi, le stéréotype que l'on applique aux autres sert aussi à masquer ses propres défauts. De nombreux Européens qui reprochent à certains étrangers leur attitude machiste à l'égard des femmes feraient mieux de balayer devant leur propre porte. Celui qui use de stéréotypes juge les autres à l'aune de ses propres prin-

---

3. *Cf.* le chapitre 1.

cipes, et non de ses pratiques ; en revanche, il juge les pratiques des autres et non leurs principes. Dans ces conditions, il est forcément réconfortant de se comparer aux autres. Chaque personne ou chaque groupe humain aime à se forger une représentation flatteuse de soi, et même s'il y a des réserves à exprimer, c'est toujours mieux qu'ailleurs.

Les populations des pays occidentaux reprochent souvent aux autres d'avoir des structures sociales obsolètes et des habitudes de corruption qui freinent le développement, sans vouloir admettre que chez elles les structures hiérarchiques sont souvent rigides et que les juges y ont souvent beaucoup de mal à démêler des « affaires ». La désignation d'un bouc émissaire est un procédé bien plus facile qu'une recherche approfondie des causes des désordres sociaux (notamment la concurrence dans l'habitat, l'emploi et l'école), qui frappent notre société en général et certaines catégories de la population en particulier.

Certains jugent les milieux de migrants à travers les problèmes plus qu'à travers les réussites. Il y a beaucoup d'inconvénients à présenter les immigrés comme des modèles ou au contraire comme des victimes. Cependant, la représentation induite par l'admiration vaut mieux que celle biaisée par le misérabilisme. Et la comparaison ne doit pas se faire aux dépens de Français dont le courage serait moins visible mais tout aussi tenace.

Dans le travail social interculturel, des cultures entrent en collision, des ambiguïtés et des imperfections se révèlent. Si ces rencontres sont parfois ressenties comme pénibles, elles permettent cependant aux cultures et aux populations de s'enrichir mutuellement. À la condition cependant qu'aucune ne se considère d'emblée comme parfaite.

Le rôle des médias dans les représentations

Quelle idée se font les populations non françaises de la vie en France ? La télévision joue un rôle important dans la formation de cette idée, parce que la plupart des étrangers en France n'ont jamais vu vivre une famille française de près. Beaucoup imaginent et jugent la vie des Français d'après les séries, les *sitcoms*, les films ou les messages publicitaires. Dans les pays du tiers-monde, la plupart des familles regardent de temps à autre des émissions de télévision fabriquées en Occident. En pleine brousse africaine ou dans les marécages du Bangladesh, on peut suivre sur la place du village, avec quelques années de retard, les péripéties de *Dynastie* et de *Dallas*. Il n'est pas difficile d'imaginer la société que ces spectateurs pensent trouver à leur arrivée en France, et l'étonnement qui ne tarde pas à se produire.

Pour ceux qui sont venus vivre en France, le développement des réseaux de communication permet également de maintenir des liens avec la communauté d'origine. Les immigrés qui pensent qu'ils ne sont en France que provisoirement, même si c'est pour de longues années, installent des paraboles pour capter les chaînes du pays d'origine. Cela leur fait humer un peu l'air du pays, adoucit la nostalgie et permet de ne pas être complètement déphasés par rapport à l'évolution de leur pays. Quand cela devient un moyen de plus pour éviter le contact avec la culture française, par exemple pour ignorer ce qui se passe en France ou pour ne pas sortir de la maison, cela pourra nuire évidemment à l'intégration.

Par Internet et le courriel, plus économique que le téléphone et le voyage, les membres d'une famille dispersée sur plusieurs pays peuvent facilement rester en communication permanente, ce qui diminue parfois aussi le besoin de communiquer avec les voisins physiquement plus proches.

Les journalistes donnent de préférence la parole aux citoyens qu'ils jugent représentatifs, sans mettre en question leurs représentations. Ces images forgent aussi celles des milieux de migrants, qui ne s'y reconnaissent pas nécessairement, mais qui voient les autres groupes à travers les mêmes lunettes que les médias [4]. Le fait de regarder même assidûment la télévision française ne leur

---

4. Pour aller plus loin : Edmond-Marc LIPIANSKY, *Identité et communication*, PUF, Paris, 1992.

donne généralement pas le sentiment d'être chez eux en France, pas plus que les émissions qui leur sont consacrées ou familières, ou que les personnalités qui les animent. Ils y retrouvent les clichés qui circulent sur leur compte, et ils ont l'impression que s'ils ne se conforment pas à cette image ils ne seront pas considérés comme d'authentiques représentants de leur milieu. Ils le ressentent comme un déni du droit de ne pas être conformes à l'image que les médias donnent d'eux.

Les images que se font les travailleurs sociaux de ces mêmes immigrés sont souvent en décalage avec cette image populaire. Ils se rendent mieux compte de la diversité des situations et résistent mieux à des jugements à l'emporte-pièce.

Quelques représentations dont il faudrait se défaire

Les représentations collectives dont il est question ici ne sont pas toujours mises à jour : nous fonctionnons souvent avec des images anciennes. Nous avons beaucoup de mal à nous défaire des représentations qui ont peut-être correspondu autrefois à la réalité mais qui ne sont plus pertinentes aujourd'hui. Ces images dont nous avons hérité ne sont pas identiques dans tous les milieux sociaux. Si l'on ne peut pas toujours s'en défaire, il est à la portée de tous de savoir que ce sont des représentations d'une réalité qui peut être autre.

Pour beaucoup de Français, aujourd'hui encore, l'image du migrant est celle d'un analphabète, de préférence Africain du Nord ou de l'Ouest, enfermé dans sa tradition et hésitant à se mettre au diapason avec l'environnement culturel de la ville moderne. En Allemagne, immigré est synonyme de Turc ; en Grande-Bretagne, l'immigré est indien, pakistanais ou jamaïcain. Ce sont en effet les immigrés des « trente glorieuses ». Dans les années 1950, de nouveaux immigrés italiens, espagnols et portugais sont venus rejoindre en France les rangs des migrants algériens qui avaient la nationalité française, sans toutefois subir le même rejet dans les marges. Ces catholiques étaient d'emblée jugés plus faciles à assimiler (aptes à s'intégrer) que les musulmans qui rejetaient l'occupation coloniale. À partir de 1974, le premier choc pétrolier entraîne le déclin en France des industries de main-d'œuvre et le renforcement de la législation sur l'emploi des étrangers. L'arrivée de travailleurs immigrés ralentit, sauf celle des compatriotes des DOM et TOM qui sont orientés cependant vers un service social spécialisé, l'ANT [5].

De fait, la place qu'accorde la société d'accueil aux migrants s'est toujours effectuée et s'effectue encore actuellement surtout en fonction de l'état du marché du travail (peut-être aussi bientôt en fonction de besoins démographiques). Ce calcul que reprennent les discours politiques sur l'immigration semble en permanence contredit par les réalités du terrain. Une politique nationale de l'immigration ne semble pas dissuader des migrants de tenter individuellement leur chance. Ces politiques sont essentiellement dominées par la peur d'un afflux de gens pauvres. Or la peur est toujours mauvaise conseillère.

Une autre erreur de jugement a été soulignée par l'auteur suisse Max Fritsch, qui disait : « Nous avons demandé des bras, mais ce sont des hommes qui sont venus. » Une politique d'immigration reposant sur le besoin de main-d'œuvre oublie que l'immigré ne vient pas pour le temps que les pays nantis ont besoin de lui, mais pour le temps dont lui a besoin pour vivre, et pour faire vivre une famille qui le rejoint presque toujours au bout de quelques années [6].

Le démographe François Héran de l'INED dénonce quant à lui cinq idées reçues que les faits ne confirment plus : « La France serait un pays d'immigration massive ; le taux de fécondité de la

---

5. L'ANT (Agence nationale du travail) prend la succession du BUMIDOM (Bureau des migrations d'outre-mer), agence spécialisée d'abord dans le recrutement, puis dans l'aide à l'installation en métropole des personnes originaires des départements et territoires d'outre-mer.
6. *Cf.* Michèle TRIBALAT, *Faire France, op. cit.*

France serait largement dû aux familles immigrées ; indénombrable, l'immigration irrégulière serait innombrable ; la statistique publique serait impuissante à comptabiliser correctement les immigrés ; accueillir l'immigration, c'est accueillir la "misère du monde"[7]. »

Les médias parlent des boat people de la Méditerranée comme de « clandestins ». Mieux vaut parler de « sans-papiers ». Il y a cinquante ans, les mêmes Maghrébins et Africains de l'Ouest étaient accueillis dans le cadre de l'« immigration spontanée ». Puis, lorsque leur venue devint moins nécessaire au marché de l'emploi, on parla alors d'« immigration sauvage ». Aujourd'hui, le terme de clandestins transforme cette même immigration en un délit. Les « clandestins » font peur, mais éveillent aussi la pitié et l'admiration. On projette sur eux l'image de l'immigré pauvre, alors que souvent il s'agit de populations relativement aisées, capables de payer cher les faux papiers et les services d'un passeur. Cette migration ne ressemble plus à l'exode rural classique : nombreux sont ceux qui viennent des villes, et non de la campagne, et qui sont diplômés. Alors qu'ils voudraient partir aux États-Unis, au Canada, en Grande-Bretagne, ils se retrouvent coincés en France. En situation irrégulière, ils vivent dans l'angoisse du rapatriement.

Sur le plan de la politique de l'immigration, les pays occidentaux semblent toujours vivre avec l'illusion qu'il est possible de fermer leurs frontières. Chacun tient à son « chez-soi ». Une illusion qui conduit à légiférer à courte vue (la vue d'une élection ?) au lieu de voir ce que peut apporter une mobilité mondiale de forces humaines, courageuses et probablement créatrices. On dit que la peur est toujours mauvaise conseillère ; or, ces politiques sont essentiellement dominées par la peur d'être submergées par un afflux de gens pauvres. Mais ces « clandestins » et ces réfugiés

---

7. *Cf. Population et sociétés*, n° 397, janvier 2004 (dossier : « Cinq idées reçues sur l'immigration »). Voir aussi : Maxime TANDONNET, *Migrations. La nouvelle vague*, L'Harmattan, Paris, 2003, ainsi que les travaux de Patrick SIMON à l'INED.

qui ont fui la misère économique et politique sont-ils vraiment si pauvres que cela ? De toute façon, pas en ressources d'énergie et d'inventivité ! L'analyse des âges et professions de la plupart des réfugiés à Sangatte était très éclairante à ce sujet : les jeunes hommes possédaient presque tous un bagage intellectuel et culturel tout à fait suffisant pour devenir productifs pour la nation les accueillant [8].

La condamnation de l'immigration irrégulière a fait beaucoup pour détériorer l'image des immigrés déjà installés : par une généralisation abusive, tous les migrants étaient suspectés d'être des clandestins. On a même entendu des Français dire à des concitoyens guyanais de rentrer dans leur pays !

Les jeunes issus des migrations se retrouvent quant à eux fréquemment classés dans la catégorie « migrants ». Bien que nés en France, ils s'entendent souvent demander d'où ils viennent, voire parfois conseiller de retourner chez eux ! Leur appliquer l'appellation de seconde ou troisième génération n'est acceptable que si l'on considère qu'ils ne sont pas seulement enfants de leurs parents, mais aussi citoyens à part entière de notre pays.

Par ailleurs, aux yeux de nombreux Français, vivre en famille avec les normes d'une culture différente ne saurait être qu'un handicap, alors que cela semble bien plutôt constituer un atout : être d'emblée à l'aise dans deux ou trois cultures, dans plusieurs langues, n'est-ce pas pour un jeune un avantage ? Considérer cet état comme un handicap n'est pas rendre service à ces jeunes, car c'est leur signifier que l'on n'attend pas grand-chose d'eux. Le jeune d'origine immigrée ne demande qu'à être considéré comme tout le monde [9]. Mais quand cela peut lui être utile, il peut parfois jouer à la victime, surtout quand une guerre ancienne entre deux

---

8. Smaïn LAACHER, *Après Sangatte : nouvelles immigrations, nouveaux enjeux*, La Dispute, Paris, 2002.

9. *Cf.* à ce propos, comme pour le regard porté sur les migrants, l'article de Zerdalia DAHOUN, « Les us et abus de l'ethnopsychiatrie », in *Les Temps modernes*, juillet-août 1992.

peuples ou la colonisation a durci les antagonismes et les rancœurs. Il arrive encore que des éducateurs se laissent influencer par le discours culpabilisant (« vous êtes raciste ») et que des jeunes profitent de cette faiblesse pour obtenir plus que ce qui leur est dû. L'allusion au racisme, à la colonisation ou à l'exploitation des parents peut faire partie de la stratégie pour se faire pardonner des écarts et prendre l'offensive dans le dialogue.

La communication

Le langage est le véhicule principal de la communication. L'utilité d'apprendre les langues des autres est généralement reconnue, mais savoir comprendre son interlocuteur étranger demande plus qu'une simple compétence linguistique. Les pages précédentes ont montré que le langage baigne dans un contexte social ; mais il y a d'autres facteurs qui pèsent directement sur le déroulement du dialogue et sur sa « mise en scène » (reposant sur des rites, des références spatiales).

La langue et les langages

Pour vivre en France, la maîtrise minimale de la langue française est essentielle : c'est la porte d'entrée à une égalité d'accès aux ressources nationales. Le langage n'est pas seulement un enchaînement correct de mots. Il y a aussi des gestes, des regards, des intonations qui en disent long sur les intentions des interlocuteurs.

En tant que porteuse et créatrice de culture, la langue est aussi une composante importante des identités [10]. Les Arméniens, qui ont une longue expérience de l'exil, disent : « Ma langue est ma patrie. » Qu'est-ce que la langue dite d'origine peut représenter pour les résidents étrangers en France ?

---

10. *Cf. Écarts d'identité*, n° 102, 2003 (dossier : « L'étranger, l'accueil, la langue »).

Maîtrise de la langue

Exception faite de ceux qui ont fait des études de langue française avancées, la maîtrise du français est rarement totale chez les immigrés. Plus qu'en fréquentant des cours – fort utiles par ailleurs –, l'étranger apprend souvent le français en regardant la télévision, en écoutant la radio, en discutant avec ses collègues et voisins, au contact des administrations, ce qui lui donne une compétence linguistique dans certains domaines et pas dans d'autres. S'il ne regarde que les chaînes télévisées de son pays d'origine, s'il n'écoute que la radio ethnique, s'il travaille exclusivement avec des compatriotes et lit la presse dans sa langue maternelle, il n'avancera pas vite dans l'apprentissage du français. Apprendre une langue suppose d'être motivé. Tout ce qui relève du ressenti, du vécu, de l'émotion reste souvent difficile à exprimer, et ne s'apprend que dans une relation amicale ou amoureuse.

Certaines difficultés sont purement techniques [11], d'autres relèvent du contexte du dialogue. Débit rapide, ambiance bruyante, présence de plusieurs interlocuteurs, interruptions dans la phrase dérangent beaucoup l'étranger, qui comprendrait parfaitement dans une ambiance calme, « entre quat'z'yeux ».

Les mêmes mots ne disent pas la même chose dans toutes les cultures (par exemple, des termes comme « intégration », « respect », « honneur » recouvrent des significations différentes en France et au Maghreb). À la différence de sens s'ajoute une coloration affective. Il peut également y avoir une difficulté de compréhension pour des mots français qui se réfèrent à des situations hexagonales et qui n'ont pas d'équivalent dans certaines autres langues, par exemple le terme de « décentralisation ».

Quelques exemples de difficultés : en France, il est plus difficile qu'en Suisse ou en Belgique de compter à partir de soixante-neuf jusqu'à cent ; pour les Français, « oui » est synonyme de

---

11. *Cf.* Michael Byram (dir.), *La Compétence interculturelle*, Éditions du Conseil de l'Europe, Strasbourg, 2003.

« d'accord », mais pour d'autres cultures, qui ont pratiquement banni le mot « non » et se servent de circonlocutions pour marquer un refus, cela peut vouloir dire « Je vous ai entendu » ou « Je ne veux pas vous contredire, mais... » Parler avec clarté, netteté, sans ambages n'est pas toujours un signe de politesse. Inutile alors au travailleur social de poser la question : « Avez-vous bien compris ? » Son interlocuteur ne le fera pas recommencer. Il est cependant toujours possible de vérifier une bonne compréhension, par exemple en demandant une reformulation.

Certains termes à valeur relative introduisent des nuances qui ne sont pas faciles à saisir pour quelqu'un qui parle une langue où ces nuances n'existent pas. Par exemple, entre « jamais » et « toujours », il y a en français : « parfois », « quelquefois », « de temps en temps », « régulièrement », « souvent », « très souvent ». Entre « rien » et « tout », il y a : « beaucoup », « pas mal », « assez », « moyennement », « peu », « très peu ». Par ailleurs, l'usage abusif de « trop » par les jeunes vient encore brouiller les cartes.

Chaque milieu cultive ses idiotismes. Les bandes de jeunes ont leur argot. Les différents corps de métiers, y compris les travailleurs sociaux, ont des expressions propres à leur profession, incompréhensibles pour des personnes extérieures. Les sigles sont surtout connus des initiés.

Un étranger prend généralement les mots dans leur sens littéral. Le sens secondaire lui échappe souvent. Ainsi, l'employée de maison qui devait acheter un pain complet et une demi-baguette revient avec une baguette et demie...

Dans toutes les cultures, il existe aussi des sujets qu'il ne faut pas aborder ou que l'on n'aborde que dans certaines conditions. Par exemple, parler de sexualité ne se fait habituellement pas avec quelqu'un de l'autre sexe. Les Asiatiques sont connus pour leur langage implicite : l'interlocuteur est invité à comprendre à demi-mot. En revanche, les Allemands expliquent tout dans le détail. Aux yeux des Français, les uns ne sont pas assez explicites et les autres trop...

Le langage corporel

Le langage non verbal est également un élément de communication qui varie selon les cultures [12]. Les expressions du visage ou des mains, les intonations, les gestes sont loin d'être universels. Ce langage permet de compléter le discours oral et peut même le contredire : à bon entendeur... Il est toujours dangereux de reproduire un geste dont on ne connaît pas le sens ou que l'on ne replace pas dans son contexte culturel. Les Européens qui visitent la Thaïlande font sourire les Thaïlandais quand ils saluent le portier de l'hôtel avec la courbette qui est habituellement réservée aux membres du clergé...

Je lis dans un dépliant distribué à l'occasion d'un concert de musiques hongroises de Transylvanie [13], à propos des violons, que « le tempérament utilisé... sonne faux à une oreille occidentale moderne ». Peu avant, des chanteurs géorgiens en tournée à Paris m'avaient dérouté en produisant des accords qui sonnaient également faux à mes oreilles. C'est-à-dire à une oreille française peu habituée à apprécier la musique qui ne respecte pas la gamme de l'octave. De même, pendant longtemps je me suis demandé comment quelqu'un pouvait aimer écouter la musique vietnamienne, car j'étais indisposé par les *glissandi*, les quarts de ton, le son aigu des voix féminines et autres particularités musicales que mes amis vietnamiens voulaient me faire découvrir.

Tout cela pour dire que les uns et les autres nous n'avons pas la même perception auditive. Certains travailleurs sociaux sont autant importunés par l'accent rugueux d'une langue qui sort du fond de la gorge qu'un étranger peut l'être par l'affectation d'une langue parlée avec beaucoup de retenue. L'un semble parler avec ses tripes, l'autre du bout des lèvres.

---

12. *Cf.* Edward T. HALL, *Le Langage silencieux*, Le Seuil, coll. « Points », Paris, 1994.
13. Dans le cadre du cinquième Festival de l'imaginaire, à Paris, en mars 2001.

Le dialogue interculturel

On constate souvent (mais pas toujours!) que les personnes qui parlent et rient fort sont originaires de la campagne. Lorsque le discours est en permanence ponctué de rires, on peut deviner que la personne provient d'une région où la vie est... dure. Le rire est souvent une défense : on ne veut pas se laisser envahir par la misère. Il en va de même du rire contenu et dissimulé des Asiatiques, qui est un signe de pudeur, une manière de ne pas vouloir encombrer les autres avec ses sentiments. Dans d'autres cultures, il est également recommandé de cacher ses sentiments, ce qu'il faut surtout ne pas interpréter comme un signe d'indifférence ou de dureté.

L'interprétation des gestes doit également faire l'objet de précautions. Pour dire oui, les uns hochent la tête, d'autres la secouent, d'autres encore décrivent un 8. Dans de nombreuses sociétés, la main gauche est considérée comme la main sale, qui ne doit pas toucher la nourriture, et en présentant un formulaire à remplir, mieux vaut utiliser la main droite. Tout le monde ne compte pas sur les doigts comme en France. Croiser l'index et l'annulaire ne porte pas partout bonheur ; ce geste peut même créer des histoires entre hommes et femmes, tout comme la poignée de main avec l'annulaire plié à l'intérieur de la main. Les mamans africaines n'aiment pas, en général, que des étrangers caressent la tête de leur bébé. En Afrique, dans de nombreuses régions, les enfants n'ont pas le droit de regarder les adultes dans les yeux, ce qui serait un signe d'insoumission. En Espagne, montrer son œil droit avec l'index de la main droite est un compliment ; ce qui chez nous signifie « mon œil » y est une reconnaissance de l'intelligence. Et ce qui, en France, est un bras d'honneur ne provoque ailleurs aucune réaction.

Les gestes sont souvent à connotation sexuelle, hiérarchique ou magique, et touchent donc à des points sensibles chez l'autre. Il n'est pas possible de connaître tous les gestes dans toutes les cultures, mais il convient de se rappeler que la plupart des gestes sont conventionnels et non universels. Lorsque, à la suite d'un mouvement physique, on constate chez l'interlocuteur une réaction, un recul, une surprise, mieux vaut ne pas insister. De la même façon, il n'est pas besoin de s'offusquer de gestes que nous ne comprenons pas. Dans un dialogue, il est souvent utile ou amusant de s'interroger mutuellement sur le sens de tel ou tel geste.

L'écrit et l'oral

Un autre type de problème survient lorsqu'on demande à des étrangers de remplir un formulaire. Pour certains étrangers, le vocabulaire n'est pas clair, mais pour d'autres, n'ayant pas été alphabétisés dans leur langue maternelle, l'écrit est une langue totalement inconnue. Ils aimeraient que tout se passe de bouche à oreille.

L'écrit n'est pas l'oral mis sur papier, leur nature est différente. Dans l'oral, l'aspect relationnel est fort et immédiat. Dans l'écrit, il y a de la distance ; souvent c'est le fonctionnel qui prime. L'oral engage plus ou moins le locuteur, celui-ci peut revenir sur ce qu'il a dit ou corriger le tir, tandis que l'écrit laisse une trace qui ne permet pas de se dédire. Pour ces raisons, le passage à l'écrit peut être très difficile à accomplir pour quelqu'un qui vient d'une tradition orale. Cela revient pour lui à passer d'un monde relationnel à un univers impersonnel, de la souplesse et de la négociation à la rigidité, du privé au public, de la subjectivité à l'objectivité.

Le passage au monde de l'écrit est ressenti souvent comme une contrainte dans la communication alors que ce peut être aussi un merveilleux instrument de libération. À travers l'écriture, la femme qui est maintenue dans son rôle de mère ou n'existe que comme la « femme de » peut commencer à exister pour elle-même, à dire « je » ; la jeune fille bridée par une famille étouffante peut, à travers la lecture et l'écriture, réfléchir à sa situation et exprimer ses aspirations. Elles peuvent parler à des personnes hors de leur milieu habituel et recevoir de l'information d'interlocuteurs interdits d'accès par la famille. L'écrit permet d'accéder à des situations de force, bien plus que l'oral ; ce n'est d'ailleurs pas pour rien si, dans de nombreuses sociétés, seule l'élite politique ou religieuse avait droit à l'apprentissage de l'écriture.

Les conséquences de l'apprentissage de la lecture et de l'écriture peuvent changer la vie d'une personne. Cela ne facilite pas seulement l'accès à une formation professionnelle, c'est un véritable moyen d'émancipation. Ceux qui s'engagent tardivement dans le processus d'apprentissage rencontrent parfois des obstacles provenant de leur entourage. Dans certains cas, des maris interdisent à leurs épouses de fréquenter les cours. Dans d'autres cas, des femmes se retirent des cours, chemin faisant, parce qu'elles constatent que les relations familiales sont en train de changer, et elles en redoutent les conséquences. Parfois, elles ne saisissent pas pourquoi elles devraient faire cet effort fastidieux dans la mesure où il y a toujours quelqu'un dans l'entourage pour aider à remplir un formulaire, et si cela ne marche pas l'assistante sociale ou l'écrivain public peuvent aussi dépanner.

Même si l'apprenant est très motivé, il lui faut toujours beaucoup de temps et d'énergie pour avoir accès au langage écrit, surtout pour les personnes qui viennent d'une société où l'on n'utilise pas les caractères latins. Le langage écrit ne correspond pas exactement à l'oral. En principe, l'écrit doit reproduire les sons de l'oral mais cela n'est pas toujours le cas, particulièrement en français. Aux oreilles des Arabes le « i » et le « u », pour les Espagnols le « v » et le « b » se confondent; en revanche les sons gutturaux qui sont utilisés dans ces langues n'existent pas en français. Mais c'est pour le Chinois que l'apprentissage du français est particulièrement compliqué. La langue chinoise ne connaît que des mots entiers, ignore les lettres et syllabes, reproduit des images. Passer des idéogrammes à l'écriture occidentale comporte beaucoup de pièges. Et apprendre à écrire est alors comme apprendre une autre langue.

Langues d'origine

Les travailleurs sociaux qui entrent dans la vie des familles rencontrent parfois des situations linguistiques étonnantes. Par exemple, un fils en pleine crise d'adolescence qui ne s'exprime que dans la langue d'origine de ses parents alors que toute la famille parle français. Souvent les langues se mélangent : un raisonnement en français truffé de mots d'une autre langue. Les parents disent regretter la perte de la culture d'origine, mais ils parlent en français avec les enfants et les envoient aux cours d'anglais. On a même vu des parents communiquer entre eux en patois et gifler l'enfant qui en faisait autant... Comportements incohérents ? Ce n'est pas sûr.

Quelqu'un qui a quitté sa terre y reste attaché par les sonorités de la langue et des bruits familiers, par la mémoire visuelle du paysage et le souvenir des odeurs de la maison natale. Cela a quelque chose de sécurisant. L'évocation permet de se retrouver dans une ambiance où l'on était quelqu'un, où l'on était compris, où l'on partageait la même sensibilité aux valeurs et aux expressions affectives. Cela ressemble parfois à un retour dans le giron maternel. Même lorsqu'on a appris une autre langue à la perfection, on arrive rarement à y exprimer pleinement ses émotions.

Ces « madeleines de Proust » peuvent aussi être désagréables, notamment lorsqu'elles renvoient à des expériences douloureuses. Il peut arriver que quelqu'un qui n'a jamais été reconnu par son milieu familial préfère ne pas être renvoyé à ses origines. À l'inverse, un malade qui a perdu confiance dans la médecine de son pays d'origine et obtient de bons résultats avec la médecine occidentale peut préférer s'exprimer en français. ==La langue fonctionne comme un marqueur d'identité, comme le signe d'appartenance à une communauté==. La langue maternelle, vernaculaire est fortement chargée d'émotions et peu structurée. Une langue véhiculaire est indispensable au commerce, à l'administration, à la recherche scientifique et à l'enseignement supérieur, mais pas tellement apte à exprimer des sentiments ; pourtant certains auteurs qui dominent parfaitement cette langue véhiculaire y arrivent.

Lorsqu'on parle de langues d'origine, on pense habituellement aux enfants de migrants, oubliant que, jusqu'à une date très récente, dans de nombreuses familles françaises il était parlé un patois qui n'était pas enseigné à l'école. Il a fallu du temps et du militantisme régional pour faire reconnaître la valeur de ces langages et langues ; en France, la Révolution française et l'abbé Grégoire, suivis du corps enseignant, les avaient voués aux gémonies de l'État jacobin. Les langues maternelle, sociale, régionale et nationale sont autant d'entités qui contribuent à la construction identitaire. Chaque langue reste fortement liée à une entité culturelle.

Claude Hagège a montré que l'enfant provenant de deux cultures possède des atouts que les enfants strictement monolingues n'ont pas, confirmant l'intuition qu'avaient de nombreux enseignants et parents qui voyaient entre deux langues un état de complémentarité et non de conflit [14]. Le bilinguisme ou trilinguisme des enfants ne pose problème que lorsque, par exemple, la dévalorisation d'une des langues au sein de la société ou de la famille vient en compromettre l'apprentissage ou en gêner l'expression.

Les étrangers en France peuvent être complètement immergés dans les réalités françaises (sphère professionnelle, voisinage, communauté religieuse, circuit scolaire...) tout en continuant à vivre certaines réalités dans leur langue maternelle ou d'autres langues d'origine. L'expression « être assis entre deux chaises » n'est absolument pas adaptée car elle a comme toile de fond deux villages juxtaposés, exclusifs l'un de l'autre.

L'existence de cas pathologiques ou de phénomènes de dyslexie, souvent attribués à des situations de mélange précoce, ne doit pas pour autant justifier une éducation monolingue pour les enfants. Les causes de dysfonctionnements sont davantage liées aux conditions sociales dans lesquelles s'effectuent ces mélanges, conditions qui sont il est vrai souvent défavorables dans les milieux de l'immigration, mais cela plaide en faveur d'une amélioration de ces conditions, plutôt que d'une séparation des sphères d'éducation.

---

14. *Cf.* Claude HAGÈGE, *L'Enfant aux deux langues*, *op. cit.*

Éléments de mise en scène

Le bon déroulement du dialogue est conditionné aussi par la prise en compte du cadre d'échange, qui permet aux uns de montrer le respect qu'ils portent aux autres et de créer les conditions d'une bonne compréhension. En France, les salutations sont réduites au strict minimum ; dans les administrations, les noms sont souvent écorchés ; les Français ont pour habitude, avant ou au cours d'un entretien, de regarder souvent leur montre... autant d'éléments qui paraissent anodins mais qui marquent pourtant les conditions du dialogue.

Les salutations

Quand deux personnes entrent en dialogue, elles commencent généralement par se saluer. La salutation est une introduction à la relation, qui doit favoriser l'écoute. Lors d'un premier entretien, le travailleur social invite son interlocuteur à se présenter, en déclinant son identité nationale, son statut familial ou social, son origine ethnique ou géographique, sa profession... mais il ne doit pas oublier de se présenter lui-même. Dans de nombreuses cultures, les salutations sont essentielles au déroulement de la conversation, parce que les interlocuteurs sont mal à l'aise tant qu'ils ne savent pas à qui ils ont affaire. Les salutations demandent certes un peu de temps au début de l'entretien, mais permettent d'en gagner par la suite en évitant des interventions trop intempestives.

Un Méditerranéen pourra ainsi demander à une assistante sociale si elle est mariée, si elle a des enfants, d'où elle vient et si ses parents vont bien... Cet échange permet de découvrir un terrain commun, voire une solidarité, qui sert de base à la relation. Il permet à celui qui est dans une situation d'assisté d'exister autrement, d'être reconnu autrement que comme un demandeur. Enfin, les salutations permettent aussi de s'habituer à la voix de l'interlocuteur, ce qui conforte celui qui n'a pas pour langue maternelle le français.

Il n'est pas toujours facile pour un étranger de comprendre quand et comment les Français se saluent. Un jour, dans la rue, un vieux monsieur vietnamien a reconnu sur le trottoir d'en face l'assistante sociale qui avait aidé son fils à faire le regroupement familial avec les ascendants. Voulant la remercier, il a traversé la rue, l'a embrassée sur les deux joues mais a bien senti qu'elle n'avait pas apprécié ce geste... Son fils lui avait pourtant expliqué que les Français, pour se saluer, se font une, deux ou trois fois la bise...

Dans de nombreux milieux étrangers, les bonnes relations se nourrissent en permanence de l'échange de petits cadeaux ; les travailleurs sociaux qui fréquentent les étrangers reçoivent souvent des signes d'attention, qu'il est difficile de refuser. Pour celui qui offre le cadeau, il ne s'agit pas là du paiement d'un service ou de l'achat d'une faveur, mais du plaisir de pouvoir faire quelque chose pour la personne qui a rendu service, ou, tout simplement, qui a été aimable. Pouvoir faire un petit cadeau valorise la personne qui donne ; en ce sens, recevoir un refus serait une humiliation. L'argent est exclu et le cadeau doit être personnalisé : des gâteaux fabriqués maison ou une bouteille de porto rapportée des dernières vacances, et que le bénéficiaire peut destiner à une consommation en équipe [15].

Distance et proximité

Madame Dupont se sent gênée parce que son interlocuteur, monsieur Keita, se met très près d'elle pour lui parler. Elle a l'impression que son espace corporel n'est pas respecté et cela l'irrite profondément. Mais lorsqu'elle recule, monsieur Keita s'avance pour rétablir la distance qui est de coutume dans sa propre culture.

En revanche, monsieur Nguyen se tient à bonne distance ; trop même, au goût de madame Dupont. Alors, c'est elle qui avance et

---

15. *Cf.* Emmanuel JOVELIN (dir.), *Le Travail social face à l'interculturalité*, *op. cit.*, et en particulier la contribution de Sophie BERTHELOOT-AWADE : « Représentations sociales de familles africaines envers l'assistant de service social ».

son interlocuteur qui recule. Ce ballet étrange et parfois irritant peut continuer longtemps, jusqu'à ce que les uns et les autres comprennent qu'il existe quelque chose comme une distance « normale » entre interlocuteurs. « Normale », mais différente dans toutes les cultures. En Asie, la distance à observer est plus grande qu'en Europe et, par conséquent, les salutations se font par des inclinaisons de la tête ou du buste plutôt qu'en se serrant les mains. En revanche, en Afrique, la distance est plus petite qu'en Europe, et les hommes entre eux ou les femmes entre elles se serrent facilement les mains, ou plutôt les bras.

Respect du nom et état civil

Le nom est plus qu'un signe qui distingue un individu d'un autre. C'est aussi pour un individu un moyen de se rattacher à sa famille, de signifier ses appartenances, de s'insérer dans une histoire familiale, clanique, nationale, religieuse ; pour les autres, c'est un moyen de le situer socialement. Toutes les sociétés sont loin d'avoir adopté le système européen, qui décline nom de famille et prénom(s) de l'individu, c'est-à-dire un système qui ne donne que peu d'indications sur le statut social [16].

Dans la tradition vietnamienne, le deuxième des trois noms indique le sexe. Dans d'autres parties du monde sinisé, le deuxième nom indique la génération : tous les frères et sœurs partagent ce nom. En Turquie et en Afrique de l'Ouest, de nombreuses personnes sont connues avec un prénom officiel mais en portent un autre pour les familiers. Au Maghreb, on ajoute volontiers au nom le lieu d'origine de la personne.

Au Portugal, le premier nom est celui de la mère, le dernier celui du père ; en Espagne, c'est l'inverse. La longueur des noms en Espagne et au Portugal pose des problèmes lorsqu'il s'agit de les inscrire sur un formulaire où le nombre de cases est limité.

---

16. Pour un exposé plus exhaustif : *cf.* Gilles VERBUNT, *Les Obstacles culturels aux apprentissages*, CNDP, Paris, 1994.

Or, selon les conventions internationales, chaque personne a le droit que son nom soit respecté en entier dans toutes les démarches administratives...

Au Maghreb comme en Afrique, et en général dans les pays où la France avait imposé ses règles administratives, il existe un état civil, avec acte de naissance, livret de famille, etc. Mais dans les campagnes et les lieux isolés, les contacts avec les centres administratifs étaient rares. D'où la nécessité de faire parfois appel à des témoignages, recueillis par un officiel. L'obtention d'un certificat de naissance, de mariage ou d'autres papiers courants dans les habitudes françaises peut entraîner de longues recherches, généralement coûteuses, ou créer des obligations vis-à-vis de parents.

En arrivant en France, une personne peut changer de nom. Un enfant africain peut laisser le nom de son père biologique pour adopter celui de son père « social », quand c'est ce dernier qui s'occupe de l'enfant en France. Les réfugiés vietnamiens peuvent vouloir faire table rase de leur passé dans un camp et adopter un autre nom. Quand des Chinois, des Thaïlandais, des Cambodgiens ou des Arabes doivent transcrire leurs noms en caractères latins, ils doivent accepter des mutilations : leurs caractères ne s'accordent pas avec nos sons français...

Le temps

« Ne perdons pas de temps », peut être tenté de dire un travailleur social à un interlocuteur qui, à son avis, « tourne autour du pot ». Et ce n'est que lorsque celui-ci va prendre congé qu'il explique enfin, sur le pas de la porte, pourquoi il était venu. Il ne comprend pas plus l'agacement du travailleur social que celui-ci ne comprend sa politesse.

La gestion des rendez-vous est un souci permanent pour la plupart des travailleurs sociaux, qui constatent que chez certaines populations la montre semble être un objet avant tout décoratif.

Dans une société où les individus ne font pas de différence, donc pas de coupure, entre leur vie professionnelle et leur vie privée, surtout familiale, le fait de savoir où joindre quelqu'un est plus important que la connaissance des heures de consultation. Une dame qui frappe à la porte du service après l'heure de fermeture et qui voit qu'il y a encore quelqu'un à l'intérieur ne comprend pas qu'on lui dise de revenir le lendemain. Si elle croise dans la rue le travailleur social avec sa famille, elle n'hésitera pas à l'aborder. Cette dame s'adresse à une personne et non à un service ; à ses yeux, la relation est personnelle plus que professionnelle.

Pour certains, la ponctualité n'est pas l'essentiel, qui est de trouver la personne que l'on cherche. Et si ce n'est pas aujourd'hui, alors ce sera demain ! L'heure du rendez-vous est un à-peu-près. Cette inexactitude ne s'applique pas aux départs des trains et avions, ni aux horaires de travail, ni aux émissions de la télévision, qui sont des sphères plutôt impersonnelles ; en revanche, tout ce qui participe de la sphère privée, familiale – et les travailleurs sociaux sont souvent assimilés à celle-ci – n'est pas soumis à la même rigueur.

Du côté des travailleurs sociaux, plusieurs pédagogies peuvent être mises en œuvre pour remédier à cette inadaptation au fonctionnement des services. Une des possibilités est de donner rendez-vous non à une heure précise, mais dans une succession d'activités : « Vous passerez me voir quand vous aurez amené les enfants à l'école » ou « après *Les Feux de l'amour* ». Le travailleur social peut expliquer qu'il a lui aussi des enfants qu'il doit aller prendre à la crèche avant qu'elle ne ferme ; qu'un service social fonctionne comme un train et qu'en France les travailleurs sociaux ont l'habitude de servir en premier ceux qui arrivent à l'heure. Une amie algérienne avait l'habitude d'aller chez une coiffeuse qui avait une grande clientèle maghrébine ; elle arrivait généralement avec vingt minutes de retard au rendez-vous, et cela ne semblait gêner personne. Quand elle a déménagé dans un autre quartier et changé de coiffeur, elle est arrivée au premier rendez-vous avec un quart d'heure de retard et s'est montrée tout étonnée que le coiffeur refuse de la prendre ; celui-ci lui a cependant gentiment expliqué et l'a coiffée dès qu'il y a eu un creux dans les rendez-vous.

Maintenant, elle arrive chez ce coiffeur à peu près à l'heure, mais pas encore chez son médecin généraliste qui est un compatriote !
Certains usagers se trompent aussi systématiquement de journée de rendez-vous. En plus d'une montre, il faudrait donc leur conseiller d'utiliser un agenda ou un calendrier, après avoir vérifié qu'ils savent écrire. Ceux qui viennent d'une tradition orale ont d'habitude une mémoire assez entraînée pour retenir une date, à condition que la date soit dans un délai maîtrisé. Ce délai varie d'une culture à une autre, et pour les Tsiganes par exemple, qui vivent plus dans le présent, tout ce qui s'éloigne de ce présent devient vite irréel. Mieux vaut alors un rappel téléphonique un ou deux jours avant. Donner un petit papier avec une date et une heure n'est donc efficace que dans certains cas.

Dans chaque culture existent des repères pour se situer dans le temps. Autrefois en France, les prières quotidiennes jouaient pour les chrétiens le même rôle que les cinq prières des musulmans. Aujourd'hui, de nombreux citadins vivent l'année non plus au rythme des fêtes saintes mais des jours fériés et des vacances. Le rythme de vie quotidien n'est pas identique partout : il y a des sociétés où la journée n'est pas rythmée par le petit déjeuner le matin, le déjeuner à midi et le dîner au début de la soirée, mais où les heures du repas sont plus floues. Des travailleurs sociaux se sont inutilement scandalisés parce que des enfants asiatiques mangeaient une soupe en dehors des heures de repas français. Par ailleurs, comme les ordonnances médicales font souvent référence aux heures de repas, la prise de médicaments doit être clairement expliquée, voire organisée astucieusement avec des pense-bêtes adaptés aux habitudes de vie de la famille.

L'espace

Pour celui qui vient vivre en ville pour la première fois, il n'est pas toujours facile de s'approprier de nouveaux repères. Le repérage se fait souvent à partir des moyens de transport public : certains immigrés n'habitent pas à tel numéro de telle rue, mais dans la maison avec la porte verte au troisième arrêt de la ligne 7. Il est d'ailleurs normal que certains s'étonnent de noms de rues sans lien avec la réalité : à Nanterre, la rue des Jonquilles n'a pas vu pousser dans le béton une seule de ces fleurs printanières.

Toutes les populations ne s'orientent pas de la même manière [17]. Il est intéressant de noter qu'en Asie, et particulièrement en Chine, on utilise beaucoup plus les points cardinaux pour désigner une direction. On ne prend pas la troisième rue à gauche, mais la troisième vers le nord, puis la première vers l'est. Il faut également savoir que le nord est connoté négativement, que le paradis est au sud, et que l'est est préférable à l'ouest. Il y a même, pour les taoïstes, un cinquième point cardinal : le centre. Un plan est difficile à lire pour quelqu'un qui n'en a pas l'habitude, même si on lui a expliqué que c'est comme une photo prise de haut. Cela peut rester parfaitement abstrait. En revanche, lui expliquer que la personne qu'il cherche habite derrière le marché sera plus clair. Pour les étrangers, la préfecture est un repère familier. Donner l'adresse d'un service en indiquant seulement la rue et le numéro est souvent insuffisant, même si un bout de papier qui peut être montré à des passants vaut déjà mieux que rien.

---

17. On peut consulter utilement : Mahmoud SAMI-ALI, *Le Corps, l'espace et le temps*, Dunod, Paris, 1996, ainsi que les travaux d'Edward T. HALL, édités au Seuil, collection « Points ».

5

DIFFÉRENCES DE PERCEPTION ET SITUATIONS INTERCULTURELLES SENSIBLES

Il y a des domaines où les tensions entre populations différentes se font sentir plus intensément et qui mobilisent chez les travailleurs sociaux une grande partie de leur énergie. Des nœuds difficiles à démêler concernent les questions d'emploi, de logement, d'éducation. La gestion de l'argent apparaît souvent comme un point déconcertant pour les travailleurs sociaux. Les questions les plus sensibles sont celles qui touchent à la place de la religion dans la société, en particulier lorsqu'il s'agit du statut de la femme. Des rites et des coutumes sacralisés prêtent matière à débat. Le domaine de la santé physique et psychique, fortement marqué par le symbolique, est innervé par des lignes scientifiques et affectives qui exigent une approche très complexe. Il s'agit de domaines où les sensibilités sont souvent à fleur de peau.

L'emploi et le chômage

Le besoin de gagner de l'argent est la motivation qui a fait venir la plupart des migrants en France, dans la capitale ou dans les centres urbains et industrialisés. Mais pour gagner de l'argent, il faut trouver du travail ; et c'est une insertion qui se fait souvent par étapes.

L'accès à l'emploi, facteur d'intégration

Actuellement, en France, l'intégration professionnelle figure au premier rang des priorités pour les adultes et les jeunes en fin de scolarité, à tel point que souvent l'on confond intégration et exclusion tout court avec intégration et exclusion par rapport au marché de l'emploi.

Pourtant, le travail n'est pas partout la valeur principale qui permet l'intégration dans la société ; dans certaines cultures, ce n'est pas la productivité économique de l'individu qui lui assure son entrée dans une société globale mais, par exemple, l'accomplissement correct de ses rôles familiaux. C'est en devenant mère ou père que l'on entre dans le monde des adultes. En France, le principal rite d'initiation est désormais l'entrée dans un emploi. Cependant, on peut dire que, parmi les principales motivations qui ont présidé aux migrations récentes, plus ou moins volontaires, s'inscrit celle de la recherche d'un emploi plus stable ou plus rémunérateur, afin d'assurer un meilleur avenir à soi-même et à sa famille. L'emploi (mais pas nécessairement la valeur « travail ») est alors capital, parce qu'il faut de l'argent pour faire vivre la famille.

La perte de l'emploi est alors vécue comme une catastrophe, l'arrêt des allocations et autres revenus comme un désastre encore plus grand. L'incapacité du père de subvenir aux besoins de ses proches est un déshonneur, une situation incomprise dans les milieux d'origine.

La capacité à rebondir diffère selon le capital culturel ou relationnel. Cela peut être plus facile pour un réfugié politique qui exerçait un métier qualifié avant son arrivée que pour un paysan pauvre qui a depuis peu quitté son village dans un pays du tiers-monde. Souvent, n'ayant guère reçu d'instruction dans son pays, il aura plus de mal à apprendre le français, voire à apprendre à lire et écrire en français, que l'intellectuel réfugié, le technicien qualifié ou celui qui est originaire d'un pays où l'instruction publique est de bon niveau. Cependant, de plus en plus, les paysans dans les pays du tiers-monde sont amenés à passer par la ville, où ils ont accès aux informations fournies par les médias, qui les préparent déjà un peu à la vie dans la société moderne. Plus que le contenu de l'instruction reçue, c'est le fait d'avoir été familiarisé avec les études ou les processus d'apprentissage qui importe. L'intégration sur le marché de l'emploi dépend donc en partie des atouts, du « capital », dont dispose le migrant à son arrivée en France.

De ce capital fait partie le réseau de compatriotes prêts à embaucher les nouveaux venus. Cette embauche est souvent en marge du marché de l'emploi officiel et revêt un caractère provisoire. C'est le même réseau informel qui peut fournir, à travers un système de relations, des emplois précaires pour dépanner des compatriotes mis au chômage ou dépourvus de « papiers ».

La situation du marché de l'emploi en France, la politique des autorités et le comportement des employeurs en matière d'embauche sont aussi des facteurs importants. Parfois, la culture s'en mêle, par exemple lorsqu'un employeur s'appuie sur une structure traditionnelle pour gérer le personnel, même si les Chinois ne sont pas plus faits par nature ou par culture pour la restauration que les Maghrébins pour le commerce, les Sri-Lankais pour le nettoyage ou les Portugais pour les travaux publics [1].

Dans certains secteurs bien précis, en particulier en technologie ou en sciences, les employeurs font appel régulièrement à l'immigration et demandent en général une qualification sérieuse. Ces immigrés seront moins nombreux, sélectionnés et d'origines diverses. Du point de vue de l'intégration culturelle, ils poseront moins de problèmes dans la mesure où, en général, ils sont accueillis convenablement ; ils ont reçu une formation correcte dans le pays de départ, ils sont habitués à la vie en ville et leurs

---

[1]. *Cf.* Catherine WIHTOL DE WENDEN et Vasoodeven VUDDAMALAY, « Existe-t-il des métiers ethniques ? » in *Panoramiques*, n° 65, 2003.

enfants fréquenteront l'école française. En revanche, l'arrivée des conjoints de ces travailleurs qualifiés peut poser des problèmes, parce que leur intégration dans la société française passe presque exclusivement par le mari ou par l'épouse qui travaille. Ils ou elles peuvent suivre des cours de français, mais le niveau et la progression des cours sont souvent inadaptés à leur niveau.

La situation des épouses (rarement les hommes) de réfugiés politiques d'origine rurale s'apparente beaucoup à celle des immigrées classiques qui ont besoin d'être motivées pour suivre des cours, qui cherchent dans le cours de français ou d'écriture autant la convivialité que le savoir et qui sont rarement au niveau pour pouvoir s'inscrire à une formation qualifiante. Sur le plan professionnel, seulement quelques filières leur sont ouvertes, principalement comme gardes d'enfants ou de personnes âgées, employées de maison et de cuisine, dans les entreprises de nettoyage, parfois dans la couture. L'accès à la vie professionnelle reste pour les femmes et les jeunes la voie d'accès la plus sûre à une autonomie – et donc aussi à une intégration dans la société moderne – qu'ils et elles ne trouvent pas dans le milieu culturel d'origine.

Les relations avec l'employeur

Au-delà de l'adaptation au poste de travail et de l'acquisition de notions linguistiques suffisantes, l'exercice de l'emploi requiert d'autres adaptations culturelles, par exemple, dans les relations avec l'employeur, l'exactitude, l'observation de règles de sécurité et l'exercice du droit du travail. À ceux qui découvrent les habitudes d'une société industrielle, le passage par un « sas » se révèle parfois utile, qui peut être une petite entreprise montée et gérée par des compatriotes ou un chantier où les compatriotes sont majoritaires.

Les relations avec l'employeur, en dehors du tempérament de chacun, dépendent beaucoup de la taille des entreprises. Celles de taille familiale offrent un cadre plus rassurant, souvent plus

Différences de perception et situations interculturelles sensibles

paternaliste, où se perpétuent des relations plus personnelles que dans les grandes entreprises où les relations sont plus formelles. Pour les femmes, les relations des employées de maison avec leurs patrons et pour les hommes l'ambiance du chantier sont souvent ressenties comme les plus familiales. Aux salariés qui viennent de zones rurales, la soumission paraît plus naturelle que l'action revendicative, mais une attitude intransigeante ou un traitement impersonnel de l'employeur ou du chef peut rapidement changer les relations. Dans tous les cas, l'aspect relationnel est très important ; un chef sympathique aura plus de chances qu'un patron tyrannique d'obtenir de bons résultats de la part de ses salariés, projetant sur l'entreprise l'image de la famille.

Très motivé pour ne pas perdre son emploi et pour ne pas mécontenter l'employeur, parfois aussi poussé par une fierté virile, le travailleur immigré récemment arrivé peut s'exposer à des dangers et à des fatigues au-delà de ce qui est jugé raisonnable en France. Il a, au début, une connaissance très rudimentaire du droit du travail, souvent imprécise, fournie par des compatriotes déjà plus expérimentés dans ce domaine ; les règles de sécurité ne sont pas toujours prises au sérieux.

Des attitudes qui varient selon la génération et le sexe

Pour les jeunes issus de l'immigration, ce ne sont pas les mêmes différences culturelles qui sont en jeu. Par rapport à l'emploi, la situation est particulièrement problématique pour ceux qui sont sortis du système scolaire sans avoir acquis le minimum d'instruction, et tout particulièrement pour ceux qui ont toujours connu leurs parents ou grands frères au chômage.

Sur le plan directement culturel, on peut constater chez bon nombre de ces jeunes une attirance pour tout ce qui est relationnel, notamment pour le commerce, et certains ont obtenu de belles réussites, en dépassant les obstacles liés aux discriminations. D'autres jeunes cherchent une issue dans des secteurs où le savoir scolaire importe moins et où ils peuvent mettre en valeur des capacités physiques et artistiques populaires dans leur milieu, telles que le sport, la musique ou le théâtre. D'autres encore, maîtrisant mal l'expression écrite de la langue française, trouvent des débouchés dans des métiers où cette maîtrise n'est pas essentielle, par exemple l'informatique, l'artisanat ou la comptabilité.

Les jeunes hommes et jeunes filles issus de l'immigration massive en provenance du tiers-monde, qui a eu lieu entre 1950 et 1980, montrent en tout cas la même aversion pour les emplois qu'occupaient leurs aînés, comme le faisaient les Français à l'époque, car à leurs yeux ces emplois ont conduit leurs parents dans des impasses : déconsidération, exploitation, usure physique aboutissant au chômage, à une santé délabrée, à la pauvreté et à une retraite misérable. On reproche parfois à ces jeunes de refuser d'accepter des premiers emplois précaires ou mal rémunérés, mais en cela ils ne sont pas différents des autres jeunes de leur génération. Enfin, le regard des jeunes, porté sur celui qui accepte d'entrer dans ce système, peut renforcer le sentiment d'humiliation causé par le regard méprisant que porte la société globale sur ces petits métiers. À première vue, il est plus valorisant et plus lucratif de se consacrer au *business*. Cependant, si cette activité plus ou moins légale permet de trouver un lieu d'insertion, à plus long terme elle finit par exclure le jeune d'une intégration positive.

Les parents originaires de sociétés traditionnelles ne pensent généralement pas tellement à préparer l'avenir professionnel de leurs filles, qu'ils veulent plutôt éduquer à exécuter les tâches domestiques. Mais les filles, en général, ne l'entendent pas de cette oreille, et voient dans la réussite scolaire un moyen d'échapper à la domination des mâles. Tandis que de nombreux jeunes hommes veulent entrer sur le marché de l'emploi sans renoncer à une culture qui valorise le comportement viril, les filles adoptent, en général, plus facilement le profil bas que préfèrent la plupart des employeurs [2].

---

2. Pour aller plus loin : *Migrations Société*, volume 15, n° 85, janvier-février 2003 (dossier : « Travail et migrations »).

Questions d'argent

L'argent permet de satisfaire des besoins plus ou moins élémentaires, de la survie physique jusqu'à la jouissance du pouvoir et du prestige qu'il procure. C'est un signe de réussite sociale, un moyen de se montrer solidaire des siens et des autres, de s'assurer une forme de dignité. Selon les cultures, certains choix économiques apparaissent nécessaires ou au contraire superflus. Les choix diffèrent selon la catégorie sociale et les paramètres culturels.

Dans toutes les sociétés, on trouve des hommes qui, ayant fondé une famille, mettent leur honneur dans leur capacité à gagner de l'argent pour toute la famille. Dans cet esprit, les femmes qui se sont engagées dans la vie professionnelle fournissent seulement un salaire d'appoint, dont la famille pourrait à la rigueur se passer. Ce qui contribue au fait que les femmes soient moins payées que les hommes pour un même type de travail. Dans certains pays asiatiques, en revanche, les femmes gardent pour elles le salaire qu'elles ont gagné tant qu'elles ne sont pas mariées et, une fois mariées, ce salaire reste consacré à leurs besoins personnels ; la caisse du ménage n'est remplie que par le mari. En Afrique, les cas de figure sont différents. Souvent, c'est l'homme qui fait les emplettes et les paie de sa poche. En Afrique de l'Ouest, les femmes jouaient jusqu'à assez récemment un rôle essentiel dans le commerce, et elles disposaient de moyens financiers importants ; cette tradition s'est perdue avec la colonisation et l'islamisation, mais elle y reste plus vivace qu'en Afrique du Nord, où l'islam a renvoyé les femmes au foyer plusieurs siècles plus tôt. Ce qui ne veut pas nécessairement dire que c'est le mari qui tient les cordons de la bourse : il y a le pouvoir à l'intérieur de la maison et celui de façade.

Les enfants, à la campagne, avant d'être considérés comme un coût, ont longtemps été vus comme des forces de travail, assurant des revenus complémentaires, à tel point que l'on a pu dire que plus un homme avait d'enfants, plus il était riche. Cela vaut surtout pour les garçons, car les filles sont souvent vues comme une charge financière. En Inde, les familles devront fournir, au moment du mariage d'une fille, une dot, en argent ou en bétail... En Afrique, une dot imposée au fiancé est censée compenser les frais d'éducation de la jeune fille, qui sera une force de travail au profit d'une autre famille.

Dans des milieux où les hommes ne demandent pas l'avis des femmes, le mari se contente souvent de donner un montant fixe pour le ménage, et garde le reste pour lui. Combien ? Il est seul à le savoir ; nul besoin d'en rendre compte à sa femme. Un *peon* [3] mexicain, interrogé par un reporter de la télévision française, expliquait ainsi : « Je ne gagne presque rien. Quand j'ai payé mes cigarettes et acheté mon billet du Loto, il ne me reste presque rien pour le ménage. » Ce comportement scandalise moins dans un pays où la famille de l'épouse continue souvent à aider celle-ci et ses enfants. Cette aide fournie par la famille n'est pas un cadeau qu'elle fait, mais une obligation considérée comme naturelle.

La consommation et la capacité de dépenser sont, pour l'homme surtout, une source de prestige. Certains Occidentaux mettent leur fierté dans une voiture luxueuse, d'autres dans des tournées au bar du coin, certains jeunes dans des vêtements de marque, des femmes dans l'ampleur de leur garde-robe... D'autres peuples mettent l'accent ailleurs, par exemple dans le prestige acquis grâce aux largesses faites à la famille, au village ou à une institution religieuse, parfois aux pauvres. Peut-être cette dernière attitude date-t-elle de l'époque où l'épargne la plus sûre était l'investissement dans un réseau humain ; les riches obtenaient la soumission des pauvres et mettaient les institutions sociales et religieuses à leur service. Avoir de l'argent et en distribuer permettent de créer des obligations ; celui qui a de l'argent peut rendre des services, dont il est en droit d'attendre un juste retour. Cela peut servir pour les vieux jours, dans les régions où les pensions ou allocations de vieillesse sont inexistantes.

---

3. Travailleur agricole.

Le coût de la vie en France peut créer des surprises aux nouveaux arrivants. La première facture d'eau qu'ils reçoivent peut les stupéfier : pourquoi faut-il payer l'eau qui tombe pourtant gratuitement du ciel ? Ceux qui ont toujours vécu dans un pays tropical n'imaginent pas que les vêtements et le chauffage coûtent cher. De plus, en ville, seuls quelques habitants disposent d'un jardin ouvrier pour y faire pousser des légumes ; en ville, il faut payer toute sa nourriture.

Les choses coûtent d'autant plus cher qu'il est impossible de marchander. Le pauvre paie le même prix que le riche ; le client sympathique à qui le vendeur voudrait faire un petit plaisir paie autant que le client hautain. L'esprit du marchandage qui prend en compte un coefficient relationnel a été remplacé par un fonctionnement aseptisé.

Enfin, certaines dépenses que les Occidentaux rationalistes trouvent injustifiées sont au contraire vitales pour d'autres, comme les mandats envoyés à la famille restée au pays d'origine. De même, les sommes qui partent pour les funérailles de ceux qui veulent être enterrés sur la terre de leurs ancêtres peuvent être considérables ; des caisses de solidarité ou des sommes collectées par les voisins viennent souvent dépanner les familles du défunt.

Une mère de famille, bien qu'étant en permanence à court de ressources, peut chercher à faire des petits cadeaux à tout le monde, y compris aux fonctionnaires à qui elle a affaire. Il n'y a pas de quoi se scandaliser. C'est une façon d'entretenir de bonnes relations, sans que cela corresponde à une demande immédiate à satisfaire. Souvent, c'est une façon de remercier pour un service rendu. Il ne faut pas confondre ce fonctionnement relationnel avec l'achat de services. Dans certains pays, il est considéré normal de « graisser la patte » d'un fonctionnaire. Il y a même des consulats en France où le formulaire pour une demande de prolongation de papiers est pris en compte avec diligence s'il y a un billet glissé dans le passeport. Mais ces pratiques douteuses n'ont rien à voir avec les petites attentions relationnelles ou d'amitié.

Le travailleur social qui est sollicité pour des aides pécuniaires ne peut pas toujours s'appuyer sur des textes précis ou une jurisprudence de l'institution, surtout s'il exerce dans un milieu multiculturel. Avant de décider quoi que ce soit, il devra placer la demande dans un contexte culturel et non appliquer machinalement les critères de sa propre culture. S'il se trouve dans l'impossibilité de répondre positivement à une demande d'aide, il faut qu'il explique le pourquoi de ce refus : ce qui est normal et important pour lui l'est peut-être moins pour son interlocuteur, et inversement.

L'habitat

Les différences culturelles dans la question de l'habitat ont principalement trait aux regroupements et aux façons différentes d'habiter un logement.

Les regroupements

Les opinions divergent sur la question de savoir s'il est recommandé de disperser les étrangers dans l'habitat français ou s'il faut reconnaître le rôle positif de la concentration de familles de même origine. Certains préconisent l'opportunité de regroupements de taille réduite, par exemple un palier dans un immeuble. Mais ces débats ne produisent pas beaucoup d'effets : les mécanismes soutenus ou non par les gestionnaires et les élus locaux ne sont maîtrisés que très partiellement et poussent à une concentration des habitants en situation précaire. Les plus démunis n'ont souvent accès qu'à des logements libérés par des familles qui ont eu la possibilité de quitter le quartier. L'existence de logements à prix modéré est insuffisante pour bloquer cette pente. Parler de la concentration de populations de même origine comme le seul résultat d'une volonté des familles est méconnaître cette insuffisance structurelle.

Les familles immigrées, souvent après un séjour dans une location privée plus ou moins salubre, parviennent généralement à obtenir un logement en HLM, disponible dans un quartier que les Français de souche ont souvent quitté à cause de l'insécurité, du délabrement et de la réputation du quartier. Les loyers y sont plus bas qu'ailleurs, ce qui arrange ceux qui n'ont pas d'emploi, qui ont des dettes à payer ou qui doivent envoyer de l'argent dans leur pays d'origine.

Pour une bonne part, les regroupements par ethnie ont surtout lieu là où les infrastructures sociales fonctionnent mal, où les ressources nationales sont difficilement accessibles. La solidarité ethnique remplace alors une solidarité citoyenne déficiente. L'agrégation de familles de même origine est alors une réponse à un état d'insécurité et d'absence de vie relationnelle.

Le fait de se retrouver entre compatriotes peut adoucir le choc culturel. Les immigrés originaires de pays du tiers-monde viennent souvent de villages ou de quartiers homogènes de centres urbains et ont tendance à reproduire en France le fonctionnement villageois. Le regroupement suscite la création d'équipements : églises ou mosquées, commerces et marchés ethniques, hammams, salles des fêtes et de bals permettent aux liens sociaux d'exister et augmentent la chance de mariages entre jeunes de même origine. Le contrôle social s'y exerce aussi plus facilement.

Ces lieux ne sont pas interdits aux Français, mais ceux-ci ne les fréquentent généralement pas. Les quartiers ne sont pas dangereux mais, en dehors des Français amis de familles du quartier ou à la recherche d'exotisme, il n'y a que des travailleurs sociaux, des enseignants et quelques professionnels qui y mettent les pieds. Les habitants souffrent eux-mêmes de la disqualification, voire de la mauvaise réputation de leur quartier. Les jeunes qui y vivent sont souvent montrés du doigt comme étant sûrement des délinquants.

Le « ghetto » ne fait pas peur à la société globale dès qu'il se compose de classes plus aisées. La situation socioprofessionnelle médiocre des populations immigrées est pour une bonne part la cause de la peur de se voir constituer des poches de pauvreté et des zones d'insécurité, de « non-droit ».

Cependant, ces quartiers ne constituent pas nécessairement des ghettos qui empêchent l'intégration. Ils peuvent le devenir quand le nombre d'hommes et de jeunes au chômage dispense ceux-ci de sortir du quartier et, s'appuyant sur une certaine homogénéité culturelle et religieuse, leur permet de dicter la loi dans le quartier, surtout aux dépens des femmes et des jeunes filles. Dans ce cas, c'est un processus contraire à l'intégration qui s'enclenche.

Les façons d'habiter

Les logements « à la française » ne conviennent pas naturellement à une famille originaire d'une culture où l'habitat est organisé sur d'autres bases. De bonnes relations de voisinage peuvent se trouver compromises par certaines incompréhensions réciproques.

L'habitat familial en France attribue habituellement à chaque membre de la famille son espace, en séparant une famille nucléaire d'une autre, les parents des enfants, les frères des sœurs. Mais il y a des variantes nombreuses, qui parfois choquent l'observateur extérieur. Par exemple, quand la densité d'occupation conduit à la promiscuité. En France, il existe des critères précis pour déterminer si un logement est décent ou non, en tenant compte du nombre de personnes pour éviter une trop grande promiscuité. Mais de nombreuses familles immigrées viennent de pays où les seules normes se résument à la question : « Y a-t-il encore de la place ? » Et les habitants en trouvent souvent là où les Français auraient répondu : « C'est complet. » Les situations de suroccupation d'un logement ne sont donc pas nécessairement senties avec beaucoup d'inconfort par les intéressés. La proximité corporelle de familiers n'est pas forcément une gêne, ce qui fait qu'un enfant disposant d'une chambre pour lui seul peut être angoissé par cette solitude. Les critères pour déterminer ce qu'est un logement décent ne sont pas toujours compris par une famille d'origine immigrée qui a toujours vécu dans la journée au grand air et dormi la nuit dans un espace réduit. Les enfants ont rarement une chambre à eux, et les devoirs de l'école se font dans la seule grande pièce, où il y a aussi les visiteurs et l'appareil de télévision allumé en permanence.

L'équipement de l'habitat n'est pas toujours utilisé selon les normes françaises. La baignoire a fait l'objet de descriptions épiques, parfois véridiques, mais depuis que des jeunes filles grandissent dans les appartements, elle a peu à peu récupéré la fonction pour laquelle elle a été installée. De même que balcons et ascenseurs se sont libérés de certaines présences animales. Des abattoirs, mis à la disposition des pratiquants de l'Aïd, ont donné le coup de grâce à quelques habitudes peu appréciées par le voisinage et le service d'hygiène de la ville. Ces histoires relayaient celles qui circulaient sur le compte des Bretons qui, eux non plus, il y a cent ans, ne savaient pas quoi faire de la baignoire et l'utilisaient pour stocker des pommes de terre et du charbon ou pour y faire pousser des légumes. Par ailleurs, les mêmes Français qui se scandalisent de la présence passagère d'un mouton habitent en permanence avec un chien. Est-ce mieux ? ou pire ? ou pareil ? Chacun répondra avec ce que sa culture lui dit sur les rapports de l'homme avec chaque animal.

Il n'est pas toujours évident pour un étranger de savoir à quoi sert tel ou tel équipement, comment il faut se servir de tel ou tel ustensile. L'Occidental qui pour la première fois visite le Japon « profond » et va aux toilettes se demande bien où il faut mettre les pieds, autant que le Suédois qui en France pénètre dans des toilettes... à la turque. N'oublions pas que très peu d'étrangers anciens ont vu fonctionner une maison en France et que c'est surtout la génération suivante qui s'approprie l'espace domiciliaire en respectant les usages prévus par les concepteurs. Aujourd'hui, les travailleurs sociaux ne rédigent plus de rapports sur « la famille Z. qui possède la télévision et une machine à laver le linge, mais pas de chaises ni de table et dont les membres s'assoient par terre sur des coussins ». Heureusement, ces travailleurs sociaux n'ont pas vu que la famille mangeait le couscous avec les mains, il est vrai bien lavées avant le repas...

Dans les cultures traditionalistes et là où il n'existe que peu de moyens de transport, les familles n'ont pas souvent l'occasion de choisir leurs fréquentations. Celle des voisins s'impose donc, avec des hauts et des bas mais des échanges nombreux. En arrivant en France, ils constatent souvent à leur grand étonnement que les voisins s'ignorent. Le type de relations entre voisins permet aussi de se faire des remarques et de régler des questions de cohabitation, comme les comportements bruyants ou les cuisines aux effluves trop forts. Un ami africain m'a dit un jour que ses voisins d'en bas étaient montés furieux chez lui, parce qu'il faisait trop de bruit. Une question pareille soulevée dans un contexte de voisinage traditionnel aurait été traitée dans le cadre d'une relation englobante. Dans ce cas, l'ami en a conclu avec philosophie que l'incident lui avait au moins permis de faire la connaissance de ses voisins.

Questions de religions et de statut personnel

Les fondateurs des monothéismes n'ont pas inventé de toutes pièces un ordre social nouveau. Ils se sont appuyés sur des coutumes préexistantes, s'efforçant parfois de les améliorer. Les points les plus sensibles étaient et restent souvent liés au rapport entre pouvoir temporel et pouvoir spirituel ainsi qu'au statut de la femme. Sur ce dernier point notamment, en France, on pense souvent à l'islam, mais le Vatican n'est pourtant pas en reste !

Pouvoir spirituel versus pouvoir temporel ?

Pendant des siècles, l'autorité politique est restée en France sous la tutelle de la religion. La séparation entre le pouvoir temporel et le pouvoir spirituel a été laborieuse et n'a été effective qu'à partir de 1905. Cependant, les deux formes d'autorité se concurrencent encore parfois dans leurs velléités d'imposition de valeurs.

Différences de perception et situations interculturelles sensibles

L'adaptation à un autre environnement religieux est difficile, déconcertante. Le changement religieux ébranle fortement la sensibilité la plus intime. C'est un domaine dans lequel il est très pénible de faire des concessions à l'environnement nouveau. Ce changement suppose la capacité de distinguer nettement la forme rituelle, liturgique, et le sens profond du geste. Cette capacité s'acquiert plus couramment dans une société religieusement hétérogène que dans une société homogène, traditionaliste.

En outre, quand on a toujours cru qu'une société devait être édifiée sur la base de prescriptions transcendantes, donc inattaquables, il est difficile de donner la priorité à des principes républicains inventés par des hommes. Les chrétiens s'en sortent par la redécouverte de l'origine de ces valeurs dans leur tradition judéo-chrétienne, mais la théologie musulmane qui, en Europe, a désormais amorcé la même démarche n'a pas encore réussi à imposer ses vues en dehors de quelques cercles intellectuels ou soufis.

La reconnaissance de la réalité de la présence musulmane en France conduira probablement à la création d'une théologie en phase avec la réalité moderne. Cela suppose un terrain où les musulmans ne sont pas en permanence acculés à une attitude de défense. L'intégration globale en France passera aussi par la constitution de communautés musulmanes intégrées dans le paysage politique et culturel français, ce qui a commencé à se faire avec la création du Conseil français du culte musulman, le CFCM.

Les musulmans, pour parvenir à cette reconnaissance, ne pourront pas se dispenser d'éclaircir une équivoque. Des régimes politiques fondant leur autorité sur une base islamique reconnaissent rarement des droits démocratiques aux individus et à des minorités, et refusent des droits égaux aux femmes et, plus globalement, la modernisation de la société. Une interprétation du Coran qui ne tient pas compte de la contextualisation historique de certaines prescriptions et qui préconise une application littérale entre nécessairement en contradiction avec la laïcité. La loi républicaine peut évoluer mais pas dans le sens où entre l'État et le citoyen s'interposerait une institution intermédiaire qui exercerait sur ses membres une pression qui limiterait l'autonomie de ces derniers [4].

À l'intérieur de l'état d'Israël, les juifs orthodoxes se disputent le pouvoir avec les libéraux, dans un État officiellement laïc. La présence multiséculaire des juifs en France et la possibilité qu'ont les orthodoxes de partir en Israël font que la soumission aux lois de la République n'est problématique que dans certaines situations mineures et négociables, telles que les examens le samedi et le menu des cantines.

Pour les bouddhistes, la question ne se pose pas, en principe, parce que l'individu doit pouvoir s'accomplir sous n'importe quel régime ; en réalité, la persécution de moines a, dans certains pays, conduit à des protestations politiques. Cela n'a pas été le cas en France.

La question du voile islamique

Une jeune fille turque porte le foulard islamique malgré les interdictions des autorités scolaires françaises. Elle finit par renoncer à l'école qui la mettait devant le choix : le foulard ou les études. Dans sa recherche identitaire, elle sait quelle est la place qu'elle peut occuper dans la communauté en tant que future mère croyante. Elle n'est pas sûre de la place qu'elle pourra occuper dans la société française. À l'inverse, la jeune fille musulmane qui refuse de porter le foulard doit résister à la pression des grands frères et de certaines de ses copines, développer sa capacité de critique, ce qui est un trait culturel propre à la société moderne. De plus, pour compenser son exclusion d'une communauté enfermante, il faut absolument qu'elle trouve dans la société environnante un accueil qui lui permette d'accéder à une certaine autonomie par rapport à son entourage.

---

4. *Cf.* Will KYMLICKA, *La Citoyenneté multiculturelle. Une théorie libérale du droit des minorités*, La Découverte, Paris, 2001, chap. 5.

Différences de perception et situations interculturelles sensibles

S'il y a une question où la coutume, la loi, la politique et la religion sont intimement mêlées, c'est bien celle du voile islamique. Les débats mettent en scène des auteurs qui parlent tous d'un point de vue différent : le statut de la femme, la liberté d'expression religieuse, l'affirmation identitaire, l'atteinte à la laïcité, la crise de l'adolescence des jeunes filles, le despotisme des jeunes mâles dans les cités sensibles, la juste interprétation des textes fondateurs...

Le travailleur social a tout à fait le droit d'être personnellement contre le port du voile et donc de militer pour sa disparition. La liberté d'expression religieuse n'est pas en France une valeur absolue ; en restreindre la portée n'est pas lui porter atteinte. La liberté religieuse dans un contexte de laïcité demande qu'une confession ne gêne pas les autres et sache s'imposer des limites dans ses manifestations.

Cependant, un travailleur social est aussi un pédagogue. Il importe pour lui de savoir quelles sont la nature et la pertinence des motivations de ses interlocutrices. Il peut discuter du sens que l'observation d'un rite revêt et amener son interlocutrice à réfléchir en lui faisant peser le pour et le contre par rapport à l'accès aux ressources telles que l'école, l'emploi ou le logement.

L'appel à la loi peut être opportun, à condition de se situer dans la perspective pédagogique qui doit être celle des travailleurs sociaux. Ceux-ci ne sont pas chargés de faire respecter la loi, mais peuvent expliquer le pourquoi de son existence et les conséquences du refus d'en tenir compte.

Certains arguments utilisés pour persuader les jeunes filles et les femmes de renoncer au port du voile ne produisent pas beaucoup de résultats. Le travailleur social n'a pas à s'aventurer sur le terrain proprement religieux ; ce n'est pas à lui de décider quelle interprétation du Coran est la bonne. Sa connaissance des textes – qui est parfois supérieure à celle de ses interlocuteurs – peut toutefois lui être utile. La recherche d'un *modus vivendi* peut conduire à une discussion sur la religion tout à fait théorique, et le travailleur social peut, à titre de comparaison, avoir recours à des exemples de débats ayant eu cours dans les milieux chrétiens (par exemple par rapport aux moyens contraceptifs ou à l'IVG), qui peuvent parfois arriver à ébranler des convictions religieuses un peu trop fermées.

Le travailleur social peut être tenté de dire aux jeunes que dans certains pays musulmans le voile est banni des lieux publics et que leurs aînés, tout en étant des musulmans, n'étaient pas si nombreux à militer pour le port du voile à l'école il y a dix, quinze ans. Il faut être conscient que cet argument risque de produire un effet contraire à celui souhaité chez des adolescents qui sont en opposition vis-à-vis de leurs parents et des autorités.

Pour des populations qui n'ont pas derrière elles une tradition de démocratie, le débat en termes de laïcité, aussi essentiel qu'il soit, n'est peut-être pas une bonne porte d'entrée. Il suppose une référence historique et une culture du compromis que ces populations n'ont pas toujours eu le temps de s'approprier. L'aspect positif de ce débat sur le voile est peut-être dans l'opportunité qu'il leur offre de comprendre la visée profonde de la laïcité. Mais cela ne se fera que dans un deuxième temps [5].

Plus la discussion avec le travailleur social restera dans le concret des motivations, des comportements et des changements à opérer, plus les arguments produiront un effet. Personnaliser la question implique d'amener la personne à se situer sur le plan individuel plutôt que collectif. La question essentielle est : « Que voulez-vous réellement en tant qu'individu ? » mais aussi : « Comment voyez-vous votre place dans la société française ? » « Comment pensez-vous surmonter les obstacles qui s'opposent à votre intégration, c'est-à-dire à l'accès aux ressources de la société que vous demandez ? »

Les réponses se formuleront souvent sous forme de choix dans lequel se manifeste une priorité d'appartenance. Le problème naît lorsque la priorité est accordée à la religion dans sa forme la plus exigeante : une fidélité sans faille. Pour ces croyantes déterminées (ou pour leurs maris), l'intégration dans la société française est

---

5. *Cf.* Régis DEBRAY, *Ce que nous voile le voile. La République et le sacré*, Gallimard, Paris, 2004.

importante, mais pas au point de concurrencer la prescription divine. C'est une approche très juridique de la religion qui rassure le croyant et souvent permet aux adolescents et adolescentes de faire la leçon à ceux qui ne sont pas de leur avis, y compris aux parents, aux sœurs et aux copines de classe.

Il ne faut pas non plus négliger le fait que certaines de ces jeunes filles sont manipulées par une mouvance islamique radicale, qui s'occupe bien plus de visées politiques que de religion. Le voile semble résoudre une crise d'identité ; l'intégriste (c'est-à-dire celui qui obéit intégralement) a choisi une appartenance qui lui donne une place dans la société en tant que contestataire et dans une mouvance internationale également contestataire. Cela n'a rien d'anormal en soi, mais dans le cas du voile cela empêche celle qui le porte de s'intégrer dans une communauté plus vaste. Les leaders islamistes actuels ou ceux qui souhaitent le devenir exploitent cette réticence à la modernité des milieux respectueux de la tradition, et souvent peu instruits, pour prendre la tête d'un mouvement ou d'un courant, et manipuler les gens en leur promettant une place dans la société française, que celle-ci semble leur refuser, notamment à travers les discriminations et les manifestations islamophobes. La relation personnelle avec un travailleur social, et surtout avec une travailleuse sociale, peut faire beaucoup pour ramener les adultes à une réalité plus objective, moins stéréotypée, et les jeunes à une attitude plus conciliante [6].

Le travailleur social n'est pas toujours armé pour résoudre les crises d'identité, mais il est toujours possible de demander à un(e) jeune : « Et toi, qu'est-ce que tu veux faire de ta vie ? » en refusant toute réponse qui renvoie à une appartenance unique, mais sans non plus l'exclure. Il est possible de le pousser à se poser en tant que sujet, en tant qu'être doté d'autonomie, et de l'amener à préférer l'appartenance à l'humanité à celle à une confession.

---

6. Pour aller plus loin : *Hommes et Migrations*, n° 1248, mars-avril 2004 (dossier : « Débat sur l'islam, le voile et la loi de 1905 »).

Le traitement au plus près de la personne doit amener le travailleur social à ne pas mettre dans le même sac le voile, les heures réservées à la piscine, le refus de médecins masculins... Quoique toutes liées à la religion, ces questions n'en relèvent pas de la même façon. La coutume est prépondérante dans la séparation en deux mondes distincts des hommes et des femmes, avec comme corollaire une méconnaissance flagrante de l'univers de l'autre et les phantasmes et obsessions qui en résultent. Les comportements qui s'ensuivent demandent un traitement complexe, dans lequel les explications doivent prendre une grande place.

Si des hommes et des femmes qui ont grandi dans cet univers religieux résistent à l'adoption de mœurs occidentales, c'est peut-être aussi parce que ces dernières ne sont pas exemplaires. L'image de la femme répandue par les médias et la publicité en Occident peut exercer une fonction repoussoir. Sans parler des discussions entre collègues mâles au comptoir du bistro, du regard porté sur les femmes qui peut peut-être parfois donner à celles-ci envie de se voiler pour avoir la paix...

Les mariages forcés ou arrangés

Un des lieux où la législation s'efforce de faire évoluer un système traditionnel et se heurte à des résistances tenaces est celui des mariages forcés ou arrangés. Il ne s'agit pas seulement de la législation française : le Mali, le Sénégal, la Turquie posent aussi des conditions pour éviter ce type de mariage.

Il y en a traditionnellement de deux types. Le premier est le mariage précoce de deux enfants, qui parfois ne sont même pas adolescents et qui continuent encore à vivre à la maison pendant plusieurs années. Ces mariages ont cours en Inde et dans certains pays africains. L'objectif est de sceller une alliance entre deux familles. L'autre forme est le mariage arrangé, habituellement entre une adolescente, qui relève encore de l'autorité de son père, et un homme plus âgé. Ce type de mariage donne aux parents la certitude que leur fille ne cherchera pas un mari dans un autre pays, une autre ethnie ou une autre religion. Un troisième type s'est développé depuis quelques décennies : des hommes émigrés (surtout africains et turcs, mais aussi maghrébins) retournent dans leur milieu de naissance pour y trouver une femme supposée plus traditionnelle que les « Françaises ». Les parents de la fille acceptent volontiers une éventuelle demande, parce le mariage leur assure du prestige et parfois, par le biais d'une dot, du bien-être économique. Ces mariages sont célébrés dans le pays d'origine, où la coutume est forte, souvent lors des vacances ou à l'occasion d'un retour dans le pays. Enfin, un quatrième type correspond aux mariages dits blancs : épouser une femme de nationalité française est, pour un homme désireux de s'installer en France, un moyen d'obtenir un titre de séjour et de travail, et plus tard la naturalisation. Mais lorsque le mariage est programmé en France, il arrive que le procureur de la République s'y oppose.

Des actions en justice, souvent en collaboration avec des services diplomatiques en vertu d'accord bilatéraux, aboutissent régulièrement à l'annulation de ces mariages ou à la non-transcription de l'acte en droit français, parce qu'ils ne respectent pas deux principes : celui du consentement [7] et celui de l'interrogation des deux futurs époux. L'officier de l'état civil français peut voir les deux personnes en même temps ou séparément. La comparution des deux futurs époux ensemble permet de vérifier si ce ne sont pas les parents qui ont tout arrangé à l'insu des mariés, l'interrogation individuelle permet de vérifier le consentement de la femme et de l'homme. Les premières victimes concernées par les mariages forcés ou arrangés sont les femmes, mais il n'est pas rare qu'un jeune homme subisse aussi de fortes pressions de la part de ses parents.

La plupart des femmes et des hommes concernés n'entament pas de procédure juridique, car la tradition du mariage forcé ou

---

7. L'article 146 du code civil stipule qu'« il n'y a pas de mariage lorsqu'il n'y a point de consentement ». La plupart des pays d'origine des immigrés connaissent cette loi, mais ont du mal à la faire respecter à cause de la force de la tradition et de la faiblesse de l'État, surtout dans les zones rurales.

arrangé est profondément ancrée dans leur culture. D'ailleurs, en dépit de conventions bilatérales ou internationales, les autorités judiciaires dans les pays d'origine de ces personnes hésitent à appliquer des règles qui vont à l'encontre des traditions, que les classes dirigeantes partagent dans bien des cas.

La polygamie

La polygamie a probablement comme origine d'accroître la force de la communauté par la multiplication des naissances. Dans les sociétés africaines, avoir beaucoup d'enfants était synonyme de prospérité, parce que les enfants étaient une force de travail et de guerre (un raisonnement que certains ont voulu transposer en France sur les allocations familiales). L'islam interdit à l'homme de prendre plus de quatre femmes, et la permission d'être polygame est assortie d'une condition impossible à réaliser, à savoir qu'il faut traiter toutes les femmes avec égalité. En réalité, les traitements divergent toujours. La première femme (et parfois la deuxième) a été épousée sous la pression des parents pour perpétuer la lignée ou préserver un patrimoine. Pour la deuxième ou la troisième femme, l'homme est plus libre dans son choix et peut faire entrer en considération ses sentiments. Les femmes qui partagent un mari s'entendent rarement à merveille entre elles, et quand elles se retrouvent ensemble dans un appartement de fortune dans une ville française, les tensions ne sont pas rares [8].

La polygamie est interdite en France, mais des unions célébrées dans un pays où elle est autorisée peuvent produire certains effets en France, surtout patrimoniaux, lorsque l'épouse n'est pas française. Assez tolérantes jusqu'en 1980, les autorités françaises ont ensuite pris des mesures pour limiter cette pratique. Désormais, il n'est pas possible pour un mari polygame d'acquérir la

---

8. Sylvie FAINZANG et Odile JOURNET, *La Femme de mon mari*, L'Harmattan, Paris, 1989.

nationalité française : sa situation prouve qu'il n'a pas suffisamment intégré un principe fondamental de la société française. Par ailleurs, le regroupement familial ne vaut que pour une seule femme, ce qui fait que l'autre épouse (ou les autres), si elle est présente sur le territoire français, voit ses droits singulièrement réduits, ainsi que ceux de ses enfants.

Le divorce et la répudiation

Pour certaines sociétés qui considèrent la femme comme un être mineur, ne pouvant poser par elle-même un acte juridique, l'initiative du divorce vient logiquement de l'homme. La répudiation est l'acte unilatéral qui met fin au mariage et renvoie l'épouse vers son milieu parental. Traditionnellement, les enfants nés de l'union restent auprès du père, conformément à la conviction que c'est son sperme seul qui est à l'origine des naissances.

L'évolution des législations des pays concernés par cette pratique, surtout en Afrique, et récemment en particulier au Maroc, tend à accorder plus de voix au chapitre à l'épouse, surtout en ce qui concerne la garde des enfants et les indemnités alimentaires.

Quand il s'agit d'épouses françaises, qui ont aussi la nationalité de leur mari, la répudiation peut être prononcée à l'étranger. Jusqu'à la récente réforme de la *Moudawana* (nom du code de la famille au Maroc), en janvier 2004, la France reconnaissait cette répudiation pour les femmes d'origine marocaine, en l'assortissant cependant de conditions concernant la garde des enfants et la pension alimentaire. La mise en pratique de ce nouveau code se révèle laborieuse, à cause des coutumes non seulement marocaines mais encore consulaires françaises... Concernant les femmes d'origine égyptienne, la convention avec l'Égypte, datée de 1982, n'a toujours pas été annulée, malgré son opposition avec la Convention européenne des droits de l'homme. Le moindre des droits serait que l'épouse soit entendue avant la prise de décision.

Il n'est pas inutile de répéter ici que peu de femmes binationales sont au courant de la fragilité de leur statut et des recours dont elles peuvent bénéficier si elles ont été victimes d'une répudiation. Le travailleur social peut utilement prendre les devants et les informer des dangers qu'elles courent. De plus en plus, surtout en ce qui concerne les mariages forcés et l'excision, un travail de prévention est mené en collaboration avec les enseignants des lycées et des collèges.

Modes d'éducation

De nombreux émigrés ont quitté leur pays et fait de grands sacrifices pour pouvoir assurer une meilleure éducation à leurs enfants. Ils ont surtout pensé aux conditions matérielles d'existence. Sortant d'un milieu où tous les adultes se sentaient responsables de tous les enfants, les voici en première ligne face à la responsabilité de les éduquer. La plupart s'en tirent bien, mais parfois la tâche s'avère trop ardue.

Démission des parents ?

Des parents immigrés qui ont grandi dans une société homogène peuvent rencontrer des difficultés pour accompagner le travail de socialisation interculturelle de leur enfant, qui grandit dans un environnement moderne hétérogène mettant à mal l'homogénéité sociale, culturelle et religieuse.

Quand des mesures éducatives, administratives ou judiciaires sont prises par les autorités, l'annonce de ces mesures aux familles ne tient généralement pas suffisamment compte de leur système de valeurs et de leurs habitudes sociales. Faute d'explications suffisantes, ces mesures sont souvent vécues comme des atteintes à l'intimité familiale. L'incompréhension s'installe et les parents se retirent dans leur cocon, laissant aux institutions françaises le soin d'éduquer leurs enfants.

Si démission des parents il y a par rapport à l'école, celle-ci n'est pas la preuve d'un manque d'intérêt. Au contraire, presque tous les parents attachent une grande importance à la scolarité de leurs enfants (surtout des garçons). Mais ils peuvent baisser les bras dans une situation qui les dépasse et attendre des autres (institutions, compatriotes...) qu'ils se substituent à eux. Ce réflexe peut leur paraître normal : dans la famille élargie, les parents biologiques ne sont pas seuls à éduquer leurs enfants, et si jamais ils ne sont pas à la hauteur de cette tâche, l'environnement social est là pour suppléer. C'est cet environnement qui apprendra alors aux enfants les valeurs les plus estimées dans le groupe : le courage, l'honneur, la solidarité, la rectitude, la maîtrise de soi...

L'enfant et ses cultures

Les valeurs importantes en matière d'éducation diffèrent selon chaque milieu culturel. Dans telle culture, le courage sera la vertu essentielle à cultiver chez les garçons, la modestie chez les filles ; ailleurs, on éduque surtout à la maîtrise de soi, ailleurs encore au respect des traditions... Dans de nombreuses cultures, la qualité la plus valorisée chez les garçons est la capacité à s'imposer, l'autorité. Celle-ci s'acquiert par la performance physique et les valeurs qui l'accompagnent, telles que la force, la ruse, la rhétorique et le courage. En revanche, dans ces mêmes cultures, les qualités reconnues aux femmes sont plutôt le dévouement, le sacrifice de soi, qualités qui les font vivre à l'intérieur de la maison et à l'écart de la vie publique.

En Occident, de nos jours, l'une des principales vertus à acquérir est l'autonomie. Les éducateurs encouragent les enfants à trouver leur propre voie, alors qu'autrefois ceux-ci devaient occuper la place qui leur était assignée par leur milieu. Dans les sociétés traditionnelles, affirmer que les enfants participent activement à leur propre éducation serait une hérésie. L'œuvre de socialisation y est simplifiée : il suffit de suivre un modèle procuré par la tradition. La reproduction y est une valeur sociale supérieure à l'autonomisation. La culture qui se transmet est alors un contenu plus qu'un dynamisme.

Dès sa naissance, l'enfant est soumis à des propositions ou à des prescriptions de la part de ses parents, grands-parents, frères et sœurs, copains, médecins, professeurs, etc., formant un ensemble qui lui suggère qui il est, ce qu'il peut faire et ne pas faire, et lui donne des idées pour son avenir. En grandissant, il devra apprendre à vivre avec des « repères » culturels contradictoires.

Dans une société comme la France, où prévaut la valeur d'autonomie, le jeune devra s'habituer à être responsable de son propre comportement, tout en ayant des éléments de référence. La question de l'impact de la double, triple ou quadruple influence culturelle sur la formation de l'identité de l'enfant reste ouverte. Plusieurs tendances existent parmi les éducateurs : les uns font plutôt confiance aux enfants et aux jeunes capables de se construire, avec l'aide d'adultes compréhensifs, une identité originale ; d'autres voudraient dispenser les enfants de cette responsabilité et leur permettre de se structurer dans un univers homogène.

Souvent, l'enfant préfère être assimilé à la culture de ses copains de quartier plutôt qu'à la culture de ses parents. Mais surtout il ne voudra pas se reconnaître dans une culture dévalorisée. Or il n'existe pas de culture méprisable, ni de culture idéale. Il faut absolument que le jeune ne se sente pas obligé de se montrer plus français que les « Gaulois », ni de reproduire l'image que la société française se fait de lui. Il ne s'agit en aucun cas de choisir entre une culture et une autre, une appartenance ou une autre ; l'usage du terme de choix est nocif dans cette situation.

Vertu indispensable dans toute société, la négociation s'apprend notamment par la reconnaissance de l'autonomie des différentes sphères de la vie. L'enfant apprend ainsi qu'il ne doit pas parler à ses professeurs comme à ses parents ou à ses camarades. De même, fumer dans la rue tout en acceptant de ne pas fumer devant son père n'est pas de l'hypocrisie, mais la reconnaissance de sphères de vie autonomes. Si, dans la famille, tout le monde semble tenir au respect des aînés et à la soumission des filles aux garçons, à l'école, la règle est en revanche l'égalité. Si les parents souhaitent que leur fille se prépare à devenir une bonne mère de famille, les travailleurs sociaux en revanche vont la pousser à faire des études...

C'est surtout à l'adolescence – l'âge du tout ou rien – que les contradictions culturelles peuvent être les plus insupportables. Lorsque ces contradictions entre milieux de vie sont fortes, la synthèse est plus difficile à réaliser, les risques de dérapage sont plus grands, mais le résultat sera plus riche que là où il n'y a pas de contradiction.

Une certaine ethnopsychiatrie préconise que la socialisation des enfants doit se faire dans un milieu homogène pour préserver l'unité des repères culturels, mais cette conception repose sur des schémas du passé, du village, de la tribu, de la société ancienne [9]. L'unicité culturelle est certes plus rassurante pour les enfants. Il se peut que certains patients des psychothérapeutes aient besoin d'être rassurés, et donc de vivre provisoirement dans un univers scolaire culturellement homogène. Mais prescrire cela pour tous les enfants en bonne santé est méconnaître la nécessité de préparer les enfants à un avenir « métissé [10] ».

D'autres diront que la vie dans le monde moderne exige l'adaptation permanente à des situations imprévues, à des milieux sociaux inconnus et à la prise de responsabilité personnelle ; l'enfant doit s'y préparer dès le plus jeune âge.

---

9. *Cf.*, par exemple, la préface de Tobie NATHAN à l'ouvrage de Claude MESMIN, *Les Enfants de migrants à l'école*, La Pensée sauvage, Grenoble, 1993 : « Puisqu'il n'est pas pensable que chaque communauté abandonne le système qui a assuré son homéostasie psychique depuis des générations, il faut au contraire (en citant Tobie Nathan) "favoriser les communautés homogènes et closes afin de ne jamais contraindre violemment une famille à abandonner son système culturel [...] et permettre aux familles de demeurer aussi longtemps que nécessaire dans leurs logiques culturelles et la société d'accueil y gagnera"». Cette préface a été partiellement reproduite *in* : Tobie NATHAN, *L'Influence qui guérit*, Odile Jacob, Paris, 1994.
10. *Cf.* Marie Rose MORO, *Enfants d'ici venus d'ailleurs*, *op. cit.*

Manque de repères et « culture de l'échec »

La relativisation des systèmes de valeurs, l'absence de repères, les changements de rôles et de statuts, la confusion des langues sèment le trouble dans les familles et compliquent singulièrement la tâche des éducateurs. L'un des problèmes importants auxquels sont confrontées les familles immigrées dans la société d'accueil est l'absence, ou plutôt l'inconsistance, de modèles. L'affaiblissement des institutions intégratrices (école, religion, armée...) prive l'individu de modèles et de repères fiables. Et il ne suffit pas de réinsuffler de la vie à ces institutions et à leur pédagogie pour remettre la société sur ses jambes.

Pour un jeune issu de l'immigration, l'éducation s'effectue dans des sphères différentes et parfois contradictoires. Le milieu environnant est éclaté en entités autonomes qui proposent toutes des normes de comportement, des systèmes de valeurs, des langages différents. Dans la famille, on tient par exemple au respect des aînés, à la soumission des filles aux garçons ; à l'école, on prêche l'égalité ; dans la famille, on veut que les jeunes filles se préparent à devenir de bonnes mères, alors que les travailleurs sociaux les poussent à faire des études. Si la famille fréquente l'église, le temple, la synagogue ou la mosquée, elle entend un discours sur la fidélité à la tradition qu'il lui est difficile de mettre intégralement en pratique car elle se retrouve obligée de composer avec la modernité et de bricoler son identité.

Les familles originaires de sociétés traditionnelles ont des difficultés pour appliquer une pédagogie autre que celle qu'elles ont reçues elles-mêmes. Elles comptent beaucoup sur la scolarisation [11], qu'elles craignent également. Mais l'école ne semble pas à même de remplir seule cette tâche d'intégration. Souvent, la motivation des élèves fait défaut : à quoi bon réussir à l'école ? Le rejet du système scolaire révèle le peu d'espoir placé dans l'école, considérée

---

1. *Cf.* Françoise LORCERIE, *L'École et le défi ethnique*, *op. cit.*

par ces jeunes comme une perte de temps, car ne leur donnant pas l'assurance de trouver un emploi, même muni d'un diplôme.

Si les échecs scolaires révèlent les insuffisances d'un système qui n'a pas su s'adapter à un public majoritairement populaire, ils mettent aussi en évidence l'apparition d'une « culture de l'échec », promue par des caïds qui se forgent un rôle de leaders en enfonçant ou ridiculisant tous les élèves qui seraient tentés de suivre le modèle de la réussite scolaire, taxés de « bouffons ». La réussite peut alors devenir une honte, comme l'échec peut faire l'objet d'une fierté.

La culture (ou l'inculture) de l'échec n'est pas entretenue, évidemment, par le corps enseignant. Cependant, les enseignants ne prennent pas toujours suffisamment en compte la promotion de cette culture par des groupes d'élèves, qui la transmettent avec l'apparence d'une solidarité entre jeunes. Surtout à l'époque de l'adolescence, quand le rejet des enseignants et des parents est souvent très fort, les camarades exercent une influence considérable et peuvent réduire à néant les efforts des parents et éducateurs [12].

Ces derniers, plutôt que de parler de modèles, peuvent évoquer des attitudes qui vont créer l'approbation ou le rejet. Le fait de savoir que telle attitude sera approuvée ou rejetée peut créer chez un jeune une image positive de lui-même. Les personnes autour de lui peuvent le motiver pour jouer (ou éviter de jouer) tel ou tel rôle parmi les siens. En fait, le jeune devra s'habituer à prendre la responsabilité de son propre comportement ; il aura des éléments de référence pour son attitude à l'égard d'autrui et dans son projet personnel, il pourra en discuter avec ses éducateurs sans pour autant se calquer sur un modèle fixe ou agir avec des repères absolus.

---

12. *Cf. Ville-École-Intégration Enjeux*, n° 129, juin 2002 (dossier : « L'école et les cultures ») ; et hors-série, n° 6, décembre 2002 (dossier : « Enseigner en milieu ethnicisé »).

La présence des adultes reste nécessaire : submergé par les « repères » contradictoires, le jeune aura souvent du mal à vivre ses contradictions culturelles, à les hiérarchiser et à les réunir en une synthèse. La culture transmise joue alors le rôle de matière première : le jeune peut y trouver de quoi construire son avenir, aussi bien par les déterminations qu'elle impose que par les potentialités qu'elle permet de développer.

Pour vivre au mieux dans une société interculturelle, il est important que le jeune puisse être bien dans sa peau vis-à-vis de l'héritage culturel de sa famille et de ses groupes d'appartenance, mais qu'il puisse en même temps construire un projet, qu'il pourra avoir en commun avec des jeunes d'origines différentes. Un projet qui ne conduit pas à l'exclusion des autres, ni à leur inclusion dans sa propre culture, mais à une société dont les maîtres mots sont négociation, autonomie et interdépendance.

La question de la maltraitance

La maltraitance est une notion au spectre très large. Si l'excision [13] en fait certainement partie, d'autres pratiques en revanche prêtent à la discussion. Que dire d'une fessée ? Dans quelle catégorie classer une gifle ? Peut-on maltraiter verbalement ? Les positions occidentales proclament le rejet de toute pratique qui pourrait porter atteinte à l'intégrité physique d'un individu ; l'Occidental est moins sensible à la violence psychique, quoique depuis quelques années la notion de harcèlement fasse école.

À l'autre bout du spectre se trouvent les châtiments corporels. Durant des siècles, fessées et gifles ont été un moyen de dressage. Dans la salle d'attente de la PMI (protection maternelle et infantile), une maman africaine donne, devant tout le monde, une fessée au frère remuant de son dernier-né. La puéricultrice intervient : « Madame, il ne faut pas faire ça. » La maman prend l'enfant et le tend à la puéricultrice en disant : « Occupez-vous-en. » Quels sont

---

13. *Cf. infra*, p. 164.

les moyens pour une maman de faire rapidement comprendre à un enfant qu'il se comporte mal ? Une explication orale demande du temps et suppose de posséder, des deux côtés, le langage nécessaire. Est-ce que la puéricultrice n'a pas poussé trop loin le penchant occidental à refuser toute intervention corporelle ? Serait-elle intervenue aussi énergiquement s'il s'était agi d'un châtiment verbal excessif ? Le résultat est là : une maman se décharge de la socialisation sur la société ; et la puéricultrice parlera ensuite de « démission des parents »...

Heureusement, ces réactions sont rares. Le plus souvent, les puéricultrices se demandent : « Comment réagir dans des situations pareilles ? Si je laisse faire, par respect des cultures, la famille risque de ne pas s'intégrer. Si j'impose d'autres conduites, je risque non seulement de rester complètement inefficace (tout en me donnant bonne conscience), mais aussi de mettre en question toute une tradition de socialisation des petits enfants qui, si elle reste cohérente, sera plus bénéfique que mes interventions ponctuelles. » Au lieu de partir en guerre contre la maman, la puéricultrice peut saisir l'occasion pour parler d'autres méthodes de corriger un enfant turbulent. Si elle n'y arrive pas, elle peut demander à une personne qui connaît bien la culture traditionnelle de fonctionner comme médiatrice [14].

Le corps et la santé

Le mot « corps » a de nombreuses significations ; dans la langue française, on parle encore d'esprit de corps, dans le sens de corporation, mais aujourd'hui le mot se rapporte surtout à l'individu. De même, les marques corporelles n'ont plus la même signification qu'avant, et les marquages ou l'habillement pour signifier l'appartenance à un corps collectif sont tombés en désuétude, voire sont condamnés dans le cas de l'excision. La manière de

---

14. Le rôle des médiatrices est abordé dans le chapitre 6. *Cf.* également Emmanuel JOVELIN (dir.), *op. cit.*, p. 147-162.

considérer la santé a aussi évolué, de même que l'acte de s'alimenter. Il est bon de se rappeler que ces transformations ne se sont pas (encore ?) produites partout dans le monde et qu'en France elles sont assez récentes.

Corps individuel et corps collectif

Chaque culture produit sa propre perception des corps individuel et collectif [15]. Dans de nombreuses sociétés, le corps collectif mérite plus d'égards que le corps individuel. Finalement, pouvoir soigner son corps individuel est un luxe que l'on ne peut se permettre que lorsqu'on a répondu aux principaux besoins du corps collectif.

L'insistance de la prévalence du corps collectif intervient aussi avec force dans les questions d'identité. Par le marquage (scarifications, circoncision, excision...), la collectivité peut se subordonner le corps des individus [16].

La culture occidentale scientifique et rationnelle a habitué les Européens à attribuer les maladies à des causes mécaniques ou psychosomatiques. Il n'en va pas ainsi dans d'autres cultures où les forces surnaturelles interviennent avec force. La thérapie ne sera pas la même dans les deux cas mais, pour parer à toute éventualité, un immigré aura souvent tendance à la doubler : il ira voir le marabout, mais pour toute sécurité il fera aussi appel au médecin de quartier.

La façon d'habiter son corps, et parfois de le sculpter, dépend aussi du type de culture. Les magazines qui donnent des recettes pour maigrir, dans les milieux où l'approche individualiste du corps permet le narcissisme, ne rencontrent qu'un succès très limité dans d'autres cultures. Dans les sociétés où le prestige de la

---

15. Une lecture pour constater la diversité des approches : Geneviève VINSONNEAU, *L'Identité culturelle*, Armand Colin, Paris, 2002, chapitre IV.
16. Pour aller plus loin, *cf.* les ouvrages de David LE BRETON, en particulier : *La Sociologie du corps*, PUF, Paris, 1992.

femme est proportionnel au nombre d'enfants qu'elle a mis au monde, une certaine rondeur voire obésité témoigne de sa capacité à enfanter. De même, l'embonpoint chez l'homme témoigne de sa prospérité et donc de sa capacité à nourrir une famille nombreuse. D'après cette vision des choses, une femme filiforme est une honte pour « un mari qui ne gagne pas assez pour la nourrir », et un homme maigre porte atteinte à l'honneur de sa femme « qui ne sait pas bien faire la cuisine ».

Vêtements et marquage des corps

En plus de leur usage fonctionnel qui est de protéger contre les intempéries, les vêtements ont une signification symbolique qu'ils partagent traditionnellement avec les bijoux, la coiffure et les marquages corporels.

Dans les pays où il ne fait jamais froid, les gens s'imaginent mal ce que peut être un hiver en France. Atterrissant à Orly ou à Roissy, certains voyageurs sortent de l'avion en petite chemise et n'ont parfois pas de quoi s'habiller plus chaudement. À l'inverse, en été, on voit dans ces mêmes aéroports des mamans africaines avec des bébés habillés comme s'ils partaient pour le pôle Nord ; l'abondance de vêtements pour l'enfant étant destinée à montrer qu'elles ont de l'argent et s'occupent bien de leurs bébés.

Une personne s'habille en fonction de l'image qu'elle veut donner d'elle-même. Lorsqu'un travailleur social fréquente un milieu différent du sien, il est toujours bon qu'il se pose la question de l'image qu'il renvoie à ses interlocuteurs. Le professionnel, qu'il le veuille ou non, est toujours « en représentation » ; le respect des personnes issues d'une société traditionnelle (qui elles aussi font de leur mieux pour faire bonne impression) suppose qu'elles puissent prendre connaissance du statut social de leur interlocuteur. Il existe des codes vestimentaires qui touchent à la pudeur et à l'identité. Un short ou, pour une femme, un haut qui laisse voir les épaules peuvent être inacceptables dans certaines cultures où ces parties du corps doivent être cachées.

En Occident, le pantalon a été pendant longtemps réservé à l'homme, les cheveux longs et les robes aux femmes, et l'on se moquait des pauvres Indonésiens qui portaient des robes ; en fait, des *sarongs*. Les vêtements révèlent le souci de marquer visiblement sa place dans la société. Autrefois, au Japon, il y avait des types de kimonos pour tous les âges de la vie. Pour les hommes, ce marquage passe encore par les uniformes. Ce sont des signes d'appartenance à un corps collectif, dont le prestige ou l'autorité rejaillit sur celui qui le porte [17].

Porter le vêtement ou le couvre-chef propre à son milieu d'origine a quelque chose de rassurant pour un étranger qui est fier de son pays ou de sa religion. Cela le rattache à une communauté, à un milieu, à un groupe social, de la même façon qu'un jeune porte sa casquette ou un Texan son chapeau de cow-boy. Il leur est souvent aussi pénible d'enlever leur couvre-chef qu'à une paysanne turque d'enlever son foulard.

Les marquages sur le corps et les bijoux complètent le vêtement. Les bijoux marquent en général la prospérité du mari, mais peuvent aussi être tout simplement un trésor appartenant à la femme. Dans certains pays, les bijoux, colliers, broches, bracelets et anneaux que porte la femme lui économisent un coffre à la banque (qui probablement se trouve à quelques centaines de kilomètres...) et l'assurent contre les conséquences d'une répudiation ou d'un veuvage.

Le tatouage et les scarifications peuvent également apporter des signes de reconnaissance ; ils permettent aux membres d'une même communauté de se reconnaître entre eux et fonctionnent comme des cartes de visite envers les autres.

---

17. Les mots « costume » et « coutume » ont une même racine latine ; à chaque statut social correspondaient traditionnellement un type et une couleur de costume ; en France, les *lois somptuaires* qui prescrivaient ces costumes sont restées en vigueur jusqu'à la Révolution française.

Le cas particulier de l'excision

L'objectif de cet ouvrage n'est pas de démêler les fils juridiques de cas toujours compliqués, mais de réfléchir sur la façon dont nous traitons des cas litigieux au-delà de leur dimension juridique. Prenons comme exemple le cas de l'excision qui, par son « extrémisme » (pour nous!), présente un cas de figure particulièrement « choquant ». L'excision pose concrètement chez de nombreux travailleurs sociaux le problème des limites de la tolérance culturelle plus que toute autre différence, et à ce titre on ne peut pas la passer sous silence. Toutefois il serait malencontreux d'en faire le centre du débat sur la différence culturelle.

L'excision est pratiquée surtout en Afrique de l'Est (et sous sa forme la plus violente, l'infibulation) mais aussi dans quelques ethnies de l'Afrique de l'Ouest, au Mali, au Sénégal, en Côte-d'Ivoire du Nord et en Mauritanie. C'est une pratique animiste, bien antérieure à l'arrivée de l'islam, qui ne l'approuve ni ne la réprouve ; cependant, des autorités locales la présentent comme un acte commandé par la religion.

De façon générale, les fillettes susceptibles d'être excisées sont protégées en France par l'assistance due à personne en danger [18]. Cela veut dire que le travailleur social peut intervenir préventivement dès qu'il a de sérieuses indications que l'acte va se produire. Le rôle du travailleur social n'est pas de condamner (le législateur le fait), mais de comprendre et d'éclairer des comportements afin de permettre aux personnes et groupes concernés d'évoluer, de s'adapter davantage à la société dans laquelle nous vivons. La base de départ de la relation est la réalité vécue de l'autre, non notre conception du corps. Le problème est donc à aborder en premier

---

18. L'article 227-17 du code pénal punit de deux ans d'emprisonnement et 30 000 euros d'amende « les parents qui se soustraient sans motif légitime à leurs obligations légales, au point de compromettre la santé, la sécurité, la moralité ou l'éducation de leur enfant mineur ».

La question interculturelle

lieu par le biais de la pédagogie et, seulement en cas de blocage, par celui du droit [19].

La pratique de l'excision est un rite qui, indépendamment des significations obscures qu'elle a pu avoir dans le passé – liées par exemple à la pureté –, signifie aujourd'hui l'appartenance de la femme à un groupe. Cette appartenance étant considérée comme vitale, refuser l'excision pour elle ou ses enfants revient (à son avis) à l'exclure de son milieu, ce qui est vécu comme une condamnation à mort. Chez les Occidentaux, c'est l'intégrité physique qui en tant que valeur prévaut sur l'appartenance au groupe ethnique ou familial. Dans les sociétés traditionnelles, si l'intégrité du corps est certes une valeur essentielle, l'intégration dans le groupe est cependant encore plus importante.

La répression de la pratique de l'excision au nom de ce système de valeurs occidental est parfois vécue par les Africains comme une ingérence dans les affaires qui les concernent et comme une nouvelle preuve du fait que le colonialisme n'est pas mort. Dès lors, l'excision peut devenir pour eux une pratique qui signifie également l'indépendance, le refus de la domination culturelle par les Blancs. Le risque est alors que l'excision acquière de ce point de vue une grande force symbolique; elle en deviendrait d'autant plus difficile à déraciner. En effet, une fois qu'un rite ou une coutume est devenu un emblème, il devient très difficile de le supprimer, parce que la suppression porterait atteinte à l'identité dont il est devenu une expression. On peut à cet égard considérer que nous venons d'assister en France à un processus d'emblémisation : le port du foulard musulman, qui a longtemps été un phénomène secondaire, est aujourd'hui devenu un

---

19. Pour savoir comment intervenir, il est utile de prendre conseil auprès d'associations de femmes africaines qui, en France, œuvrent pour l'abolition de cette coutume, par exemple le GAMS (Groupe femmes pour l'abolition des mutilations sexuelles et autres paratiques affectant la santé des femmes et des enfants : 66, rue des Grands-Champs, 75020 Paris. Tél. : 01 43 48 10 87).

emblème d'appartenance au monde musulman pour les uns ; de la soumission de la femme pour les autres.

Trois modes d'intervention au moins peuvent être acceptables et efficaces face à la question de l'excision. Le premier consiste à aider à se renforcer les courants qui, à l'intérieur même de l'Afrique et des populations concernées en France, tentent de lutter contre cette pratique. On trouvera ces mouvements surtout du côté des associations de femmes africaines, de féministes et d'intellectuels, mais pas uniquement. Ces courants peuvent éviter le piège du colonialisme.

Le deuxième mode est celui de la substitution. D'une part, il faudrait que les communautés africaines soient respectées et n'aient pas besoin d'une affirmation identitaire du type de l'excision. D'autre part, il n'est pas impossible d'imaginer des substituts qui remplissent la même fonction, tout en étant culturellement acceptables par tous (comme par exemple une légère scarification, pratiquée déjà par certains médecins africains). Plus l'idée qu'une femme peut se réaliser autrement que par des maternités nombreuses gagne du terrain et plus la résistance à la suppression de l'excision s'affaiblira.

Sachant que les femmes africaines et leurs filles, en cas de refus de l'excision, risquent d'être rejetées de leur milieu, il est important qu'elles puissent trouver un nouveau cadre de vie. L'idéal serait qu'elles puissent vivre en tant que mère avec enfants, et il faudrait enlever tous les obstacles juridiques qui les en empêchent ; elles doivent surtout pouvoir disposer elles-mêmes des documents autorisant leur séjour en France. Mais il reste les obstacles sociaux, et en particulier la vie relationnelle, difficile à reconstituer. La solution minimale serait de créer des centres d'accueil pour ces femmes.

Pour que l'intervention des Occidentaux contre des traditions comme la répudiation, le mariage forcé ou l'excision soit bien reçue, il faut encore qu'elle soit bien comprise, donc bien expliquée. Or, force est de constater que de nombreuses mesures administratives ou juridiques ne sont pas comprises par les premiers intéressés ; ils les ressentent comme relevant de l'arbitraire, parce qu'ils n'en saisissent pas le sens.

La maladie physique et la question de l'hygiène

Dans les sociétés traditionnelles, si le corps individuel ne fonctionne plus bien dans le corps collectif, c'est que la relation de l'individu à la collectivité a été perturbée par des agents nocifs, dont la cause est soit un comportement déviant, soit un esprit malfaisant.

Sauf dans certains hôpitaux qui tiennent compte des différences culturelles, le séjour à l'hôpital peut être vécu comme un cauchemar par les immigrés. La chambre privée n'est pas forcément une bonne solution pour des personnes qui ressentent l'isolement comme une source d'angoisse. Recevoir de nombreux amis, qui font nécessairement du bruit et peuvent encombrer les services, n'est pas toujours toléré. Le personnel soignant n'autorise pas toujours les familles à apporter les plats préférés du malade, qui supporte la cuisine occidentale quand il est en bonne santé, mais pour qui une nourriture de « là-bas » serait d'un plus grand réconfort. Les dialogues avec les médecins ne sont pas toujours très éclairants ; avec la meilleure volonté du monde, ceux-ci connaissent surtout du malade son foie ou sa jambe et ils n'ont pas les moyens de remonter dans l'histoire du patient, comme le ferait un médecin de famille rassurant. Si les marabouts et autres guérisseurs ont tant de succès, c'est aussi parce qu'ils prennent en charge l'homme dans son entier et qu'ils essayent de savoir pourquoi le patient somatise [20].

En France, la discrétion entoure un certain nombre de maladies ; il y a des parties du corps dont on ne parle qu'en présence d'un médecin. Ce ne sont pas les mêmes maladies et les mêmes

---

[20]. *Cf. Hommes et Migrations*, n° 1225, mai-juin 2000 (dossier : « Santé. Le traitement de la différence »). À signaler aussi une revue très instructive à ce sujet : *Migrations Santé* ; et un ouvrage utile, sous la direction de Patrice GUEX et Pascal SINGY, *Quand la médecine a besoin d'interprètes*, Médecine et Hygiène, Genève, 2003.

parties du corps qui sont considérées comme honteuses. Cela va de pair avec une localisation des endroits érogènes, qui peuvent varier d'une culture à une autre. Ainsi, il faut savoir que le « mal au dos » chez certains hommes peut être traité par un urologue. L'exigence de pudeur existe dans toutes les cultures. Des parties du corps qui peuvent être exposées sans problème dans une société doivent être cachées dans une autre.

La prévention prend des formes différentes. En Occident, elle repose principalement sur le respect de l'hygiène. L'importance de la propreté est reconnue dans toutes les cultures, mais cette valeur n'est pas partout pratiquée sur les mêmes bases. Les règles de l'hygiène sont universellement valables, mais peuvent prendre des formes différentes ; on ne se lave pas de la même manière au pôle Nord, en France et dans le désert. En Occident, l'hygiène désigne des règles indispensables à la santé, fixées par la science. Certaines populations insistent plus sur la propreté du corps que sur celle de l'environnement, tandis que c'est le contraire chez d'autres. Alors que pour les Occidentaux les microbes et virus agissent par eux-mêmes, dans d'autres cultures ils sont vus comme obéissant aux ordres d'esprits mauvais. Ceux qui n'ont pas une approche scientifique de la santé ont d'ailleurs parfois du mal à comprendre le danger que représentent ces « petites bêtes » pour un homme costaud. Il y a donc des pratiques relatives à la propreté qui sont différentes, mais acceptables, alors que d'autres doivent être combattues, le critère étant l'impératif hygiénique.

La prévention existe aussi dans des milieux où les « esprits » interviennent quotidiennement dans l'existence humaine. Elle se concentre alors sur un effort pour éviter de déclencher l'hostilité de ces derniers. Le manquement à la coutume peut provoquer la maladie, ce que les adultes répètent sans cesse à leurs enfants : « Ne faites pas cela, c'est *haram* » (péché). Or le péché attire les foudres du ciel.

La maladie psychique

Les maladies psychiques dont souffrent les étrangers sont souvent les mêmes que celles qui atteignent les autochtones, mais il y en a aussi qui sont dans un rapport étroit avec des problèmes d'identité. Il existe au moins deux écoles en France qui proposent des analyses et des thérapies différentes.

La plus connue est l'ethnopsychiatrie, qui situe les causes du mal-être dans l'absence d'enracinement dans une culture et une communauté. La thérapie consistera alors, en France, en la prise en charge communautaire du patient afin de lui permettre un retour à ses racines. Parfois, la thérapie préconise un retour sur la terre d'origine avec le même but. L'ethnopsychiatrie connaît des courants divers ; certains cèdent à la tentation d'enfermer les patients dans leurs cultures [21], d'autres, plus nuancés, préconisent de prendre en compte sérieusement la culture d'origine du patient sans oublier qu'il vit dans un environnement différent [22]. Le premier courant se situe négativement par rapport à tout métissage ; le second y découvre des richesses.

La clinique de l'exil [23] situe quant à elle le malaise dans la perte de tout soutien d'un milieu familial, alors que les repères du nouvel environnement social sont hors d'atteinte. C'est une suspension de l'existence, qui peut se transmettre aux enfants de la même famille. La thérapie vise alors un retour à la réalité, notamment par l'élaboration d'un projet susceptible de redonner un sens à l'existence.

Sexualité, conception et grossesse

Dans la tradition judéo-chrétienne, le corps, par opposition à l'esprit ou à l'âme, est le siège de toutes les forces animales, qui compromettent la vie vertueuse, et en particulier la sexualité. De cette méfiance vis-à-vis du corps découlent des préceptes moraux

---

21. Ce courant est animé surtout par Tobie Nathan.
22. La représentante la plus connue de ce courant est Marie Rose Moro.
23. Courant animé par Fethi Benslama et Olivier Douville.

et des pratiques bien ordonnées que beaucoup d'autres sociétés ne connaissent pas.

Autrefois en France, la femme était désignée dans le langage populaire comme une « personne du sexe ». Si la sexualité apparaît ici comme un attribut féminin, c'est parce que le destin de la femme est vu comme étant la maternité ; c'est elle qui séduit et en porte les « conséquences ». Ce qui a pu même conduire à la déclarer coupable en cas de viol. Cette vision n'a pas disparu dans certaines régions du monde. Dans la guerre que les travailleurs sociaux peuvent mener contre cet état d'esprit, il est bon de se rappeler qu'en France encore aujourd'hui, les jeunes gens et maris sont bien plus facilement excusés de rapports prémaritaux ou extraconjugaux qu'une jeune fille ou une femme mariée.

Dans la même logique (!), les femmes sont classées en deux catégories : les femmes honorables et les autres, celles qu'il faut respecter et celles qui n'ont pas droit au respect. Les femmes honorables se reconnaissent à des signes comme la tenue vestimentaire et leur refus de parler à des hommes qui ne sont pas de la famille. Elles se laissent protéger par un homme de la famille (père, mari, frère aîné) qui veille sur leur honneur et se venge si quelqu'un met en danger leur virginité.

Dans les milieux immigrés, l'information sur les pratiques sexuelles est souvent inexistante. Si la future jeune mariée n'a pas encore appris de ses amies ou de la télévision comment se passe la première nuit après la noce, il y a tout au plus une femme âgée qui, la veille, lui donnera quelques indications. Souvent le conseil se borne à la recommandation de faire tout ce que demande l'époux.

Normalement, toujours dans le même esprit traditionnel, la préoccupation principale de la jeune mariée est la succession de maternités, ce pour quoi le milieu l'estime faite par la nature. Vouloir profiter de la vie avant de se marier, ou, une fois mariée, ne pas préparer tout de suite un heureux événement n'est pas conforme à cette conception.

Le rôle des travailleurs sociaux est très délicat sur tous ces sujets, qui sont d'une extrême sensibilité parce qu'ils touchent à des pratiques millénaires et à des rôles identitaires. En effet, des pratiques ritualisées autour de la conception et de la naissance ont structuré la société dès son origine. La différence sexuelle était peut-être la première source de désordre à canaliser. La logique traditionnelle en tire des conclusions préventives : briser les traditions qui entourent la vie sexuelle, ce serait ouvrir la porte à des démons que l'on n'arrivera plus à maîtriser, comme l'expérience de la « déchéance occidentale » l'a prouvé !

Dans la plupart des pays d'origine des migrants, il n'existe pas de suivi médical pendant la période de grossesse : c'est une période où, certes, la femme est fragile, mais les précautions à prendre sont surtout d'ordre psychologique et symbolique, par exemple éviter l'agressivité sous toutes ses formes. En Afrique, dans maints endroits, les femmes enceintes refusent de reconnaître l'arrivée prochaine d'un bébé de peur que des mauvais esprits soient alertés. En France, l'accouchement se passe le plus souvent dans une maternité annexée à l'hôpital, sous la conduite d'une sage-femme assistée de médecins, et les étrangères sont souvent étonnées de la médicalisation qui entoure toute la grossesse et l'accouchement, puisqu'il s'agit de quelque chose de tout à fait naturel !

À moins d'avoir reçu une formation sur les différentes façons d'enfanter dans le monde, le personnel hospitalier, en France, a souvent des idées assez arrêtées sur la position à adopter lors de l'accouchement. Pas question d'être accroupie comme en Afrique. De même, ce personnel trouve normal que la parturiente pousse des cris et est très étonné quand l'Asiatique n'ouvre pas la bouche. Or, dans des moments angoissants comme la mise au monde d'un enfant, la présence de la tradition est un facteur rassurant pour la future mère, peut-être plus bénéfique pour le moral que l'obéissance à une rationalité scientifique occidentale.

L'allaitement peut durer jusqu'à un âge avancé, en particulier dans les cultures où traditionnellement les relations mère-enfant restent très fusionnelles, comme par exemple en Inde. Le sevrage peut être parfois très abrupt quand il fait partie du passage à un nouveau stade de la vie. Toutes les sociétés ont des méthodes de sevrage particulières. Chez certaines on arrête le sevrage subitement, chez d'autres progressivement, chez les unes après quelques mois, chez les autres après quelques années. À en croire les ethnologues, le mode de sevrage a des conséquences importantes pour la vie sociale ultérieure, notamment pour la présence ou l'absence d'agressivité. Si les puéricultrices françaises sont parfois scandalisées par la composition du menu de l'enfant en bas âge, il faut aussi penser que l'utilisation des petits pots mérite quelques explications aux femmes venues de sociétés où ils n'existent pas.

L'usage de couches peut mériter aussi quelques explications. Par ailleurs, si l'enfant persiste à faire dans son lit, beaucoup de parents mal informés pensent encore que l'enfant est de mauvaise volonté et profèrent des menaces, là où il faudrait la consultation d'un pédiatre.

Il n'est pas possible pour une puéricultrice ou un travailleur social de connaître les pratiques culturelles relatives à la petite enfance du monde entier. Mais il est toujours possible de relativiser les siennes. Il n'y a pas de quoi s'affoler quand une maman africaine soumet son bébé à un massage énergique, mais il ne s'agit pas non plus de recommander à toutes les mamans d'en faire autant. Mieux vaut suivre une tradition qui a fait ses preuves que d'adopter une façon de faire française non assimilée, peut-être mal comprise.

La vieillesse

Dans la société occidentale moderne, la santé ce n'est pas seulement l'absence de maladie, c'est la performance, le fait d'être capable de bien travailler et de faire des efforts physiques, d'avoir la « pêche », d'être bien dans son corps. Il y a même un aspect esthétique : la bonne santé doit se voir, ce qui fait la fortune des instituts de bronzage et de gymnastique. La fatigue, la souffrance, le stress, la vieillesse sont censés compromettre la santé et sont donc à éviter ; sauf la « bonne fatigue » qui résulte non pas du travail mais du sport. Il faut donc tout faire pour se maintenir en bonne santé, c'est-à-dire rester jeune.

Dans d'autres cultures, la santé n'exclut ni la souffrance ni la fatigue : elles font partie de toute vie. La santé, c'est avoir suffisamment de forces pour bien tenir son rôle. Nulle obsession de rester jeune. Quand on est vieux, on n'est pas censé fournir les mêmes performances que quand on est jeune. Les hommes aspirent plutôt à la vieillesse, qui est la période où ils reçoivent le plus de respect, et pour les femmes c'est la fin des maternités et l'acquisition du statut de belle-mère. Vieillir, c'est se rapprocher du statut convoité d'ancien, puis d'ancêtre.

La mort

Dans les sociétés traditionnelles, la mort fait partie du quotidien et il est normal d'en parler, puisqu'il est naturel de vieillir et de mourir. La vie est considérée comme un don divin ou du destin : on tombe malade et on meurt quand c'est l'heure. Une mort précoce est suspecte, sauf dans le cas des petits enfants fragiles qui n'ont pas encore assez de forces pour résister aux épreuves physiques de la vie normale ou de la pauvreté.

Les Occidentaux sont assez désarçonnés par cette attitude qu'ils jugent résignée devant la maladie et la mort, alors que les « autres » s'étonnent que les Occidentaux considèrent la mort comme quelque chose d'anormal, voire comme un mal absolu. Ce que les Occidentaux prennent pour de la résignation ne doit cependant pas être assimilé à de l'indifférence : le décès d'un proche attriste son entourage, mais la présence de la communauté rend le deuil plus facile que chez les Occidentaux, qui souvent ne veulent pas « déranger » leurs proches.

Dans les sociétés où la vie de la femme est impensable sans la présence d'un homme, l'épouse suit son mari dans la mort, soit réellement comme dans l'Inde ancienne, soit symboliquement par une période de deuil, d'enfermement ou d'isolement, suivie de cérémonies de renaissance. Certaines situations sont très délicates : une Africaine vivant en France dont le mari vient de mourir doit, pour faire le deuil, aller passer trois mois dans une case au Cameroun. Ne pas faire ce deuil risquerait de la plonger dans une profonde dépression, dans l'angoisse d'être hantée le reste de sa vie par la conscience d'avoir manqué à un devoir impératif. Mais évidemment elle perdra son travail en France du fait de son absence prolongée.

Presque partout, en dehors de l'Occident, les morts font partie de la famille. Les funérailles sont importantes. Il ne s'agit pas seulement d'accompagner le défunt dans sa dernière demeure ou sur le bûcher, mais de reconstituer la vitalité du corps social, entamée par la disparition d'un membre de la société.

L'alimentation

Des enquêtes effectuées aux États-Unis auraient prouvé que l'alimentation est l'élément culturel qui survit le plus longtemps dans les processus d'assimilation. Quoi qu'il en soit, il est sûr que les habitudes alimentaires sont fortement chargées d'affectivité et changent donc moins facilement que des habitudes plus fonctionnelles. On n'a qu'à penser à ce jeune marié qui trouve que la cuisine de sa jeune épouse n'a pas le même goût que celle de sa mère. Pour les juifs, le repas festif est une pièce maîtresse du rituel, que les chrétiens reconstituent de façon beaucoup moins réaliste dans l'eucharistie. Mais dans toutes les sociétés, offrir à boire ou à manger a un sens qui va bien au-delà de l'acte matériel.

Les repas sont une composante essentielle de nombreuses fêtes religieuses et ils ont souvent conservé, d'une manière générale, une dimension religieuse. Toutes les religions connaissent des interdits ou des obligations, qui dans le christianisme ont disparu, à l'exception des nombreuses cantines où l'on continue à servir du poisson les vendredis ! De nombreux rites ont pour objectif la pureté : ne pas se souiller en assimilant des êtres impurs ; d'autres signifient, par le jeûne, une solidarité avec ceux qui ont faim ou une discipline du corps ; dans tous ces cas, le rite rattache l'individu non seulement à une transcendance, mais également à un milieu avec lequel il manifeste sa solidarité. Dans le cas du Ramadan, chez les jeunes qui se disent par ailleurs « non pratiquants », ce dernier aspect est le plus évident.

La tendance aux regroupements d'étrangers de même origine dans un même quartier s'explique en partie par la facilité de s'approvisionner dans les produits auxquels ils sont habitués. Beaucoup de commerces asiatiques se sont concentrés ainsi dans le 13e arrondissement de Paris où il y avait une grande clientèle potentielle, qui s'agrandissait parce qu'il y avait beaucoup de commerçants du pays... Tous les samedis, des centaines d'Asiatiques y viennent en voiture depuis la province pour faire les achats pour la semaine. Un Français qui n'est pas familier des produits asiatiques y découvre des fruits et légumes, des viandes et des herbes dont il ne saurait quoi faire. Les étrangers originaires d'autres continents font à peu près la même expérience quand ils visitent un marché français. Il faut beaucoup de temps et de persévérance pour s'approprier les secrets d'une cuisine étrangère. Puis il faut s'habituer au goût « étrange ». Préparer et consommer un artichaut n'est pas évident, manger des huîtres ou d'autres coquillages crus encore moins.

Dans presque toutes les sociétés, l'invitation à déjeuner ou à dîner exprime un désir de communion. On essaye de faire plaisir à l'invité. Pour l'assistante sociale qui a accepté de venir déjeuner ou dîner, les Algériennes préparent un couscous ou un méchoui. Il est d'ailleurs possible qu'elle prenne ce repas en compagnie des seuls hommes, les femmes de la maison restant à la cuisine.

Lorsqu'une famille française reçoit des étrangers, elle ne sert des escargots que si elle est sûre qu'ils seront appréciés. Des explications sur le sens des plats, sur leur origine montrent que pour chacun le plat servi est une sorte de pièce d'identité.

Dans de nombreuses cultures, il est défendu de manger avec la main gauche, qui est destinée à des usages jugés malpropres. On ne remet donc pas un objet à quelqu'un avec la main gauche.

Et pour honorer un hôte, on l'assoit à droite du maître de la maison. Pour ceux qui trouveraient ces pratiques étranges, il faut aussi se souvenir qu'il n'y a pas si longtemps, en France, les enfants n'avaient pas le droit d'écrire avec la main gauche. Et que « gaucherie » est synonyme de maladresse...

La nourriture rattache aussi à une communauté. L'identité collective est confirmée par l'existence d'interdits alimentaires, dont les explications nombreuses et variées semblent plus ou moins fondées. On conçoit ainsi facilement que les Amérindiens ne puissent pas manger l'animal de leur totem. Il est compréhensible aussi que certaines religions interdisent la consommation d'alcool. En revanche, le fait que des brahmanes indiens ne puissent pas, officiellement, manger en présence de non-brahmanes des mets préparés par un non-brahmane dans une vaisselle utilisée par des non-brahmanes peut paraître étrange aux yeux d'Occidentaux.

Les Français sont parfois choqués par ce qu'ils considèrent comme du gaspillage : les étrangers qui viennent d'un pays tropical où les réfrigérateurs sont encore rares ont l'habitude de mettre à la fin du repas tous les restes à la poubelle. Souvent, il y a des restes dans les assiettes qui suivent le même chemin. Par ailleurs, il peut être malpoli dans certaines cultures, surtout asiatiques, de terminer son assiette : ce serait signifier que l'invité n'a pas eu assez à manger.

Un travailleur social ne peut connaître toutes les habitudes alimentaires du monde entier, mais il doit se dire qu'il y a peut-être anguille culturelle sous roche si l'étranger se montre réticent à adopter des innovations alimentaires qui assureraient un plus grand équilibre nutritif, pour ne pas parler du plaisir que l'on peut tirer de manger autre chose que des pâtes et du riz en sauce. C'est une interrogation qui doit rester présente, surtout concernant l'alimentation des enfants et des femmes enceintes, non seulement pour assurer la variété essentielle, mais aussi pour former au goût. Cependant, les conseils doivent toujours être proposés avec beaucoup de prudence.

6

LES ADAPTATIONS INSTITUTIONNELLES

Les institutions de la République, en principe, ne reconnaissent que des citoyens égaux en droits. Elles ont été mises en place et continuent souvent à fonctionner pour une société culturellement homogène dans un contexte national. Or la société évolue et devient de plus en plus multiculturelle, révélant des inadéquations institutionnelles.

À titre personnel, parfois même en tension avec des collègues ou avec leur hiérarchie, des travailleurs sociaux ou des personnes chargées de l'accueil des étrangers tentent de remédier à cette situation et de faire reconnaître la dimension interculturelle de leur travail comme une adaptation impérative à la société moderne. La formation à l'interculturel des travailleurs sociaux contribuera peut-être à sortir les institutions de certaines ornières.

L'interculturel dans le quotidien des travailleurs sociaux

Les travailleurs sociaux sont confrontés dans leur pratique quotidienne à des questions interculturelles. Vigilants par rapport aux représentations et aux pièges de la communication, ils peuvent utilement adopter une démarche empathique en se mettant à la place de la personne qui vient solliciter leurs services, pour évaluer sa demande et y répondre de manière appropriée. La dimension interculturelle de leur travail intervient principalement dans l'accueil quotidien des usagers et dans le travail en partenariat, mais elle rend également essentielle la fonction de médiation, constitutive du travail social. La question des discriminations se pose fréquemment à eux mais il n'est pas toujours simple de distinguer de quel type elles relèvent et donc de savoir comment les traiter. En effet, l'usager d'origine étrangère qui reçoit un refus à sa demande se pose parfois comme une victime de discrimination. Il a parfois raison de le croire, mais lorsqu'il se trompe il arrive que le fonctionnaire ressente douloureusement les reproches de racisme ou d'injustice qui lui sont faits.

La lutte contre les discriminations

De la discrimination « molle » à la discrimination raciste

La discrimination est un traitement inégal de personnes ou d'un groupe en fonction de critères étrangers à ce qui peut être raisonnablement requis pour obtenir un bien ou un service, ou pour avoir accès à une ressource publique. Les vigiles d'un dancing peuvent raisonnablement interdire l'entrée de l'établissement à un ivrogne ; une entreprise peut préférer un homme à une femme pour une mission en Arabie Saoudite ; pour une tâche qui demande sagesse, expérience et prestige, une administration ou entreprise peut préférer quelqu'un d'âge mûr ; pour une fonction liée directement à la sécurité nationale, l'État peut préférer un national plutôt qu'un étranger ; un magasin *kasher* peut préférer raisonnablement embaucher des vendeurs juifs. Toute préférence, et donc toute exclusion, sur une base de sexe, âge, nationalité, religion, n'est pas moralement condamnable.

Il en va autrement lorsque entrent en jeu des considérations déplacées. L'entrepreneur qui embauche quelqu'un non pas en fonction de sa compétence mais sur la base d'une couleur de peau ou d'origine pratique la discrimination. L'État français qui refuse à l'étranger l'entrée dans un secteur de la fonction publique qui n'a rien à faire avec la sécurité nationale donne un mauvais exemple. Contrôler sélectivement les papiers d'identité de ceux qui ne sont pas « blancs [1] » (surtout les jeunes) est une pratique considérée comme normale dans la culture policière, bien que les instructions données par la hiérarchie la condamnent.

Ceux qui pratiquent ces discriminations que l'on peut qualifier de « molles » ne peuvent être traités pour autant de racistes. Elles s'appuient habituellement non sur une théorie de supériorité ou d'infériorité, mais sur des considérations pratiques relayées par une opinion publique largement partagée, reposant elle-même sur des stéréotypes ou préjugés. Certains agents de l'ANPE n'envoient plus de Maghrébin dans telle ou telle entreprise, parce qu'ils savent qu'une démarche d'embauche sera humiliante pour le chercheur d'emploi ; l'employeur peut hésiter à embaucher un Noir parce qu'il sait que le reste du personnel rendra à ce dernier la vie impossible ; il peut refuser l'embauche d'un homme dans un service où il n'y a que des femmes dont il a l'expérience qu'elles rejettent tout intrus mâle ; des policiers croient savoir par expérience que les sans-papiers sont surtout des hommes non blancs... toutes ces personnes ne peuvent pas être systématiquement traitées de racistes ou sexistes. Elles cherchent l'efficacité, ne veulent pas perdre de temps ou refusent, comme elles disent, d'envoyer le candidat au « casse-pipes » ; souvent, ils n'ont d'ailleurs pas bonne conscience d'agir ainsi.

Il n'y a pas de solution immédiate dans ce genre de situations. La lutte contre la discrimination doit alors se faire en amont : l'ANPE doit convaincre ses propres employés de tâcher de convaincre les employeurs qui doivent convaincre leur personnel... ; la hiérarchie policière et administrative ne doit pas se

---

1. Le terme « blanc » est mis entre guillemets, parce que en général la couleur de peau est plutôt rose, voire brune après les vacances...

contenter de donner des instructions écrites, mais s'attaquer au problème de la culture policière, de même que d'autres administrations doivent se pencher sur ce que l'on pourrait appeler la « culture d'antichambre » de leurs employés. La lutte contre la discrimination « molle » relève plutôt de l'information et de l'éducation, de la lutte contre les stéréotypes et de la discussion. La présence dans un service de trois ou quatre employés sensibilisés à la question peut être un moyen d'exercer une pression plus efficace que l'action d'un militant isolé.

D'autres discriminations peuvent être de caractère raciste. Elles sont régulièrement mises en évidence par le *testing* pratiqué surtout à l'initiative d'associations militantes. Le *testing* consiste, par exemple, à faire accompagner par un huissier des jeunes « de couleur » qui veulent entrer dans un dancing qui a la réputation de pratiquer des sélections racistes. Autre exemple : un candidat qui téléphone pour louer un logement et dont l'accent ou le nom traduisent une probable origine non hexagonale essuie un refus parce que « c'est déjà loué ». L'huissier qui téléphone tout de suite après n'obtient pas la même réponse. C'est à ce type de discrimination qu'il existe une riposte juridique fort utile, alors que la grande masse des discriminations relève d'un consensus malsain sur lequel le droit a peu de prise.

La plupart des discriminations sont difficiles à prouver et l'action juridique est compliquée ; des associations se sont pourtant attelées à cette tâche. Dans la lutte contre les discriminations, la Halde (Haute autorité pour la lutte contre les discriminations et pour l'égalité) occupe de plus en plus une place importante. Le travailleur social peut intervenir indirectement, soit en signalant les probables abus à des instances juridiques ou administratives ; soit en persuadant d'autres personnes d'intervenir à titre informel, par exemple des employeurs intègres, des organisations professionnelles, des voisins... Il peut aider la personne discriminée à constituer son dossier, la mettre en contact avec un avocat compétent ou avec une association militante si elle est résolue à entamer elle-même un procès.

La discrimination positive

Parfois des voix s'élèvent en France pour réclamer une discrimination positive, un terme qui traduit la pratique de l'*affirmative action* d'origine américaine.

La discrimination dite positive concerne surtout l'accès aux ressources publiques : à l'école, à la formation, à l'université, à l'emploi, au logement... Aux États-Unis, dans certains États, il y a un pourcentage de places dans chaque université ou dans le corps professoral réservé aux Noirs ou aux Hispaniques, parce que l'expérience a montré que si l'on appliquait seulement le critère des résultats aux examens, ces populations en seraient presque complètement absentes. Il en va de même pour l'accès au *public housing*, le parc HLM. Au lieu de résoudre le problème en amont, on tente de le résoudre en aval.

La solution en amont que préfèrent les Français, mais qu'ils mettent peu en pratique, consisterait, par exemple, à faire un effort particulier dès la maternelle dans tout le cursus scolaire, en particulier en direction de populations scolaires handicapées par des retards physiques ou des différences culturelles. Un effort particulier ne contredit pas le principe d'égalité. Au contraire, le traitement égal renforce souvent l'inégalité, alors que l'objectif doit être, éventuellement par un traitement inégal, de promouvoir l'égalité.

La différence entre discrimination positive et traitement inégal réside dans l'établissement ou non de critères d'appartenance à telle ou telle catégorie. Par exemple, le traitement inégal ne s'applique pas à une ethnie, mais à des élèves parlant mal le français ; l'attribution préférentielle de logements sociaux s'appliquerait aux familles nombreuses, mal logées, avec peu de revenus, et non aux familles de telle ou telle origine étrangère. En France, à un certain moment, on parlait de seuil de tolérance, comme si c'était la distance culturelle qui créait les difficultés de voisinage, alors que les recherches sérieuses ont montré que c'était la qualité de l'habitat qui était surtout en question. Les catégories privilégiées doivent être provisoires : quand la parité des femmes en politique sera atteinte, le traitement inégal s'éteindra ; les jeunes qui ont des droits spécifiques par rapport à la formation et à l'emploi ne restent pas éternellement jeunes ; celui qui a de faibles revenus aujourd'hui peut demain gagner davantage.

Les résultats de l'*affirmative action* aux États-Unis et en Inde sont mitigés et prêtent à des débats permanents et à des interventions de la Cour suprême, tantôt dans un sens, tantôt dans un autre. Un des effets pervers est la création de tensions entre les minorités qui se disputent les quotas ou qui n'ont même pas droit à un quota. Certains auteurs disent que ce sont surtout les Noirs des classes moyennes qui ont profité du système, et non les inorganisés qui en avaient le plus besoin [2]. En Inde, les dirigeants accordent des aides aux individus des basses castes, dont le nombre recensé a tout d'un coup augmenté. Les individus, pour bénéficier de mesures spéciales, cherchent à se faire reconnaître comme membres d'une catégorie aidée. Le risque de s'enfermer dans une assistance perpétuée n'est pas loin. D'autres, qui essayent justement de faire oublier qu'ils font partie d'une catégorie sociale ou religieuse et qui veulent être « comme tout le monde », se voient d'office attribuer une étiquette identitaire dont ils n'ont cure.

Les inconvénients de la discrimination positive semblent peser plus lourd que les avantages. Certes, la reconnaissance de groupes et de droits spécifiques peut conforter l'identité des membres du groupe, qui se sentent alors reconnus dans leur culture ou origine particulières. Mais cette reconnaissance d'une spécificité collective, nécessaire à l'épanouissement psychologique de la plupart de ses membres, peut être obtenue par d'autres mesures sociales et politiques plus fines.

---

2. *Cf. Confluences Méditerranées*, n° 48 (dossier : « Discriminations ethniques », sous la direction de Régine DHOQUOIS-COHEN et Olga LAMLOUN), L'Harmattan, Paris, 2004.

Les adaptations institutionnelles

Il sera cependant intéressant de suivre, dans quelques années, les résultats obtenus par les jeunes qui ont été admis à l'Institut d'études politiques de Paris sur le critère spécial d'être originaires de quartiers défavorisés. L'expérience personnelle de ces étudiants originaires des ZEP (zones d'éducation prioritaire) est prise en compte et non pas seulement leurs notes au concours. Le fait d'avoir réussi des études dans un milieu scolaire et social fragile et multiculturel n'est-il pas, pour le jeune, un atout pour réussir plus tard dans une société hétérogène où rien n'est donné d'avance ? N'a-t-il pas plus de chances d'y réussir que celui qui arrive avec de bonnes notes d'un milieu protégé ? L'expérience de vie devrait pouvoir être valorisée, mais cela introduit dans les décisions d'accès aux écoles un coefficient de subjectivité qui doit effrayer les institutions académiques[3].

L'accueil et le suivi

Pour des étrangers, le premier accueil en France est souvent assuré par des compatriotes, des proches déjà installés en France, des anciens voisins ou collègues. Ceux-ci aident les nouveaux arrivants à trouver un emploi, un logement, à obtenir les papiers, et les renseignent avec plus ou moins d'exactitude sur leurs droits et les écueils qu'ils risquent de rencontrer. À la base de cette entraide, il y a la solidarité. Mais l'arrivée en France suppose également un accueil plus « administratif », qui se traduit par la rencontre entre le nouvel arrivant et des services sociaux et administratifs.

L'accueil est une notion active qui ne consiste pas seulement à attendre mais aussi à aller vers les autres. Pour l'étranger qui arrive en France, le premier accueil peut marquer durablement, de manière positive ou négative, sa perception du pays.

---

3. *Cf. Ville-École-Intégration Enjeux*, n° 135, décembre 2003 (dossier : « La discrimination ethnique. Réalités et paradoxes »).

Celui qui, en arrivant, fait l'expérience de discriminations et subit des propos racistes risque fort de détester le pays qui l'a mal accueilli ; il ne fera aucun effort pour s'y intégrer ; il en utilisera les ressources sans fournir de contrepartie. Les premiers contacts commencent souvent à la préfecture, où l'accueil est malheureusement rarement digne de ce nom. Outre le fait qu'ils y sont souvent considérés comme des fraudeurs potentiels, les étrangers se retrouvent la plupart du temps démunis face aux exigences administratives : faute d'instructions claires, ils doivent revenir à plusieurs reprises pour compléter un dossier, parfois pour des broutilles ; ils doivent faire la queue pendant plusieurs heures pour obtenir un document indispensable... Ces démarches laborieuses et coûteuses en temps pourraient souvent être évitées.

Améliorer l'accueil dans les services et les relations avec les populations de cultures différentes suppose certes l'attribution de moyens supplémentaires, mais certaines modifications d'ordre relationnel et organisationnel (introduisant une plus grande souplesse institutionnelle) permettraient des améliorations majeures.

Une plus grande latitude quant aux horaires d'accueil serait tout d'abord opportune. Il n'est en effet jamais facile, pour un usager qui travaille, de se rendre disponible en pleine journée pour un rendez-vous avec le service social. Il faut également prendre en compte le fait qu'un étranger aura besoin de plus de temps qu'un autochtone pour s'expliquer. Et le travailleur social a besoin, lui aussi, d'avoir du temps pour mieux comprendre le contexte culturel du cas qui lui est soumis par un étranger ou un immigré. Le temps de la relation humaine est donc important.

Par ailleurs, rendre accessible à tous le langage des services sociaux paraît une nécessité. La distribution de brochures d'information, les indications écrites (y compris les pictogrammes) dans les espaces d'accueil ne sont en effet d'aucun secours pour ceux qui ne maîtrisent pas l'écrit. Il faut alors développer l'accueil assuré par une personne qui peut accompagner l'usager vers le bon service, voire l'aider à remplir correctement les formulaires, souvent truffés de termes techniques et parfois de sigles.

Les adaptations institutionnelles

Les travailleurs sociaux, en France, représentent un éventail de professions qui n'existent pas forcément dans les autres pays. Les immigrés qui sont passés par la ville sont un peu plus familiarisés à cette diversité que les villageois, qui ont l'habitude de s'adresser d'abord à leurs proches pour résoudre des problèmes financiers, aux sages du village pour régler un différend, au conseil de famille pour résoudre les conflits matrimoniaux, etc. Il n'est pas évident que l'étranger comprenne bien la différence entre une assistante sociale, une conseillère conjugale, une psychologue scolaire, un éducateur de rue ; il peut être amené à les rencontrer tous sur le même dossier, sans savoir ce que chacun fait ni où se trouve le lieu de décision. Les interventions des travailleurs sociaux sont généralement ressenties comme une aide mais parfois aussi comme une menace qui risque de remettre notamment en question les « droits acquis » des hommes.

Pour éviter les malentendus culturels, des départements ou des municipalités ont embauché des travailleurs sociaux de la même nationalité qu'une grande partie des usagers habituels. Les avantages sont évidents : une meilleure compréhension des cas, placés dans un contexte culturel maîtrisé. Les étrangers préfèrent généralement s'adresser à un compatriote qui les comprend bien. Il y en a cependant qui aimeraient que leur demande ne soit pas connue par leur milieu. Dans ce cas, un intervenant français paraîtra, aux yeux de l'usager, plus neutre et plus sûr pour assurer la confidentialité du dossier.

Pour les Français, le sexe de l'interlocuteur du service social importe peu. Il n'en va pas ainsi avec certains étrangers. Et il arrive que des travailleuses sociales appellent au secours un collègue masculin pour expliquer à ces usagers que c'est bien elles qui vont s'occuper du dossier...

Le travail d'information et de prévention d'une part, l'exercice d'aide et de contrôle d'autre part exigent, pour être efficaces, de prendre des gants culturels et de prendre les dossiers à traiter comme des occasions de pédagogie en vue d'un meilleur « vivre ensemble ».

La prévention s'exerce tout particulièrement lorsque le travailleur social prend connaissance de l'imminence d'un rite comme l'excision ou d'une menace comme le mariage forcé. Dans ces cas-là, un travail en équipe se révèle nécessaire, éventuellement en faisant appel à une médiatrice ou à une association. Il importe que tous les acteurs qui interviennent dans la famille adoptent une position commune et prennent de concert les décisions qui s'imposent. Les enseignants doivent savoir à qui s'adresser quand ils soupçonnent que ces événements risquent de se produire. Parmi les acteurs, les associations issues des milieux immigrés peuvent jouent un rôle dissuasif important. La prévention peut aussi consister à informer la femme et la jeune fille qui portent le voile islamique d'éventuelles conséquences professionnelles ou scolaires. Ou encore à les informer sur les moyens contraceptifs ou l'IVG, qui sont des actes impensables dans certaines cultures. Plus généralement, il s'agit d'informer les usagers de leurs droits, qu'ils ignorent souvent. Ceci est particulièrement important voire urgent dans certaines questions relatives au statut personnel, par exemple pour les femmes dans les cas de polygamie, de mariage forcé ou de répudiation.

Le travail en partenariat

L'interculturel n'est pas seulement une caractéristique du face-à-face entre un travailleur social et un usager d'origine étrangère. Bien souvent, il se réalise dans le partenariat entre représentants d'institutions culturellement différentes...

Avec les associations

C'est dans le cadre associatif, parfois municipal, que l'on trouve de nombreux salariés intervenant en matière de l'aide à la personne, de l'animation ou de l'éducation populaire et qui sont très à l'aise dans l'approche de certains publics, soit parce qu'ils en sont issus, soit parce qu'ils ont l'habitude de les fréquenter. Leur compétence repose plus sur une expérience que sur une connaissance théorique. En cela, des travailleurs sociaux ayant suivi une formation solide peuvent bénéficier de l'expérience concrète de ces nouveaux acteurs sociaux et, inversement, les nouveaux professionnels peuvent profiter des apports d'intervenants plus diplômés. Ce peut être une forme élémentaire du dialogue interculturel [4]. L'apport peut être particulièrement intéressant lorsque les intervenants sociaux solidement formés sont eux-mêmes « métissés ».

Certaines associations communautaires sont tout à fait intégrées dans le paysage social français et peuvent même contribuer à l'intégration en France, alors que d'autres associations, communautaristes, gênent ou empêchent cette intégration [5]. Pour les travailleurs sociaux, il s'agit donc de savoir à qui ils ont affaire.

Lorsqu'un travailleur social est sollicité, par exemple pour signer une pétition en faveur de la construction d'une mosquée, il doit avant tout savoir de qui émane le projet et quels en sont les objectifs. De même, mettre une salle à la disposition d'un groupe de femmes du seul fait qu'il s'agit de femmes immigrées est insuffisant ; il existe des groupes de femmes qui ont pour but de promouvoir l'autonomie de la femme, d'autres qui ont pour objectif de bien leur rappeler une tradition de soumission. Assez souvent, ce sont des lieux de rencontre religieux qui fournissent la base des rassemblements associatifs. Les coreligionnaires s'y retrouvent dans des fêtes, y préparent danses et chants folkloriques, etc.

Rapidement, l'organisation informelle qui caractérise les rassemblements entre compatriotes finit par se couler dans le moule

---

4. La revue *EMPAN* n° 71, parue en décembre 2008 (aux éditions Érès), donne la parole à des travailleurs sociaux, des formateurs, des universitaires de la région toulousaine, qui ont rédigé des articles sur leur itinéraire de métissage. Le dossier, coordonné par Paule SANCHOU et Manuel SANZ, s'intitule « Travailleurs sociaux : des cultures métisses ».

5. Pour aller plus loin : Michel WIEVIORKA, *La Démocratie à l'épreuve. Nationalisme, populisme, ethnicité*, La Découverte, Paris, 1993.

La question interculturelle

français et par adopter le statut d'association loi 1901. Le notable qui dirigeait dans un premier temps l'association ethnique est alors remplacé par un président, et le vote remplace la volonté du chef. L'association joue alors un rôle d'école de la démocratie, même si au début elle reste limitée à un milieu ethnique.

Un pas important de la vie en communauté vers l'intégration locale est franchi lorsque, souvent à l'instigation d'élus locaux ou de travailleurs sociaux, des associations d'origines diverses se mettent à travailler ensemble sur des enjeux communs, tels que l'insertion des sans-emploi, la scolarisation des enfants, la sécurité dans le quartier, l'organisation d'une régie de quartier... L'association ethnique devient alors une association de proximité, dont la référence première n'est plus l'attachement à une terre d'origine, mais le mieux-vivre dans le quartier, en collaboration avec tous ceux qui partagent les mêmes problèmes. Ce partage permet de relativiser (ce qui ne veut pas dire supprimer) les appartenances diverses. La référence n'est plus passéiste, mais devient prospective. Comme dans l'évolution des nationalités, le sol l'emporte peu à peu sur le sang. La culture d'origine fait place à l'échange interculturel. Cela ne passe pas par des discours théoriques mais par des pratiques visant un bien concret et commun, des pratiques où le relationnel joue un rôle de premier ordre [6].

Associations et communautés rendent souvent de grands services pour l'intégration de leurs membres. Les travailleurs sociaux ne doivent pas hésiter à faire appel à tel ou tel dirigeant pour résoudre un problème à forte connotation culturelle devant lequel ils se sentent impuissants. Cette médiation est bénéfique pour les uns et les autres.

---

6. *Cf. Hommes et Migrations*, n° 1229, janvier-février 2001 (dossier : « Vie associative, action citoyenne »).

Avec les administrations

Comme le travailleur social se retrouve souvent intermédiaire entre l'usager et les services publics, il peut utilement se faire entendre auprès des décideurs administratifs et politiques, qui sont souvent bien loin des réalités du terrain et dont les prises de décisions se font parfois davantage en fonction d'intérêts électoraux ou carriéristes qu'en réponse à des besoins réels.

Une tâche s'impose de plus en plus aux travailleurs sociaux avec la politique de la ville : la défense des droits des habitants du quartier, en partenariat avec d'autres professionnels ou bénévoles. La politique de la ville insiste sur la vie du quartier et sa dynamique ; le travailleur social, davantage préparé à une approche psychologique qu'à une action politique, peut s'en trouver déstabilisé. Cette action a comme destinataires les administrations et les institutions chargées de la distribution des ressources, comme l'école, le logement, l'emploi, les soins ; elle s'attaque aussi aux discriminations.

Chaque service public, chaque corps de fonctionnaires ont leurs propres codes culturels, adaptés aux fonctions qu'ils exercent. Le policier, le juge, l'adjoint au maire et le responsable du service des étrangers à la préfecture cultivent tous leur propre langage, agissent avec une hiérarchie des valeurs propre à leur profession, et ne jugent donc pas une situation sous le même angle qu'un travailleur social. Face à un jeune délinquant, par exemple, les logiques qui découlent d'une fonction de prévention ou de répression ne sont pas les mêmes pour un policier ou un éducateur en milieu ouvert.

Les travailleurs sociaux prennent soin de ne pas être considérés comme des agents de l'administration, parce que leur fonction n'est pas de faire appliquer la loi, mais d'être des intermédiaires, d'humaniser en quelque sorte les lois qui ne connaissent que des situations générales et non des situations particulières. Les agents administratifs, en principe, n'ont pas à s'intéresser aux interférences culturelles, qui peuvent pourtant rendre l'application d'une règle inefficace, inhumaine ou autrement indésirable. Aux travailleurs sociaux de les informer éventuellement pour obtenir un infléchissement ou une dérogation. Dans la pratique, les responsables administratifs se montrent souvent peu formés ou informés sur les différences culturelles, mais assez ouverts à leurs implications. Un des points de négociation est l'obtention de délais, qui permettent de faire un travail d'information et de pédagogie auprès des familles peu familiarisées avec les rouages français et les habitudes administratives.

Dans presque toutes les administrations, la recherche de rentabilité pèse sur les relations avec les usagers. Dans l'obligation de traiter un nombre minimal de dossiers par jour, les employés n'ont souvent pas le temps d'écouter patiemment un usager. Or, comme nous l'avons vu précédemment, l'usager d'origine étrangère a deux « défauts » : il ne s'exprime pas toujours clairement et il a besoin de nouer une relation avec son interlocuteur avant d'exprimer ses questions ; ces deux facteurs font que le travailleur social se retrouve devant une alternative : soit il prend le temps d'écouter au risque de cumuler des retards, soit il essaie de traiter le dossier au plus vite et risque de se retrouver face à un mur, l'usager trouvant qu'il n'a pas été écouté [7].

Certaines municipalités ou institutions ont organisé des stages pour leurs employés pour améliorer l'accueil des étrangers. Le résultat a été en général très positif, permettant notamment de voir que ce qui est parfois interprété à tort comme des manifestations de malveillance trouve sa source dans des différences culturelles non comprises. Ces stages ne résolvent pas les problèmes de fond mais rendent les situations plus vivables aux acteurs sociaux.

---

7. *Cf.* Éric FLORENCE et Jérôme JAMIN, « Médiations interculturelles et institutions », in *Cahiers Migrations*, n° 32, Academia Bruylant, Louvain-la-Neuve, 2003.

Un travail de médiation

« Historiquement, c'est aux travailleurs sociaux que revient la fonction de "pont". Mais la conjonction de la récession, du racisme et de l'apparition d'une génération issue de l'immigration nombreuse et concentrée dans certaines cités HLM a créé en France une situation à laquelle les travailleurs sociaux n'ont plus pu ni su faire face. L'incompréhension, les malentendus, les frustrations, les conflits larvés ou ouverts entre les deux groupes devinrent la norme [8]. »

La façon classique d'aborder le travail social mérite d'être remise en chantier ; la relativisation de nombre de repères éthiques et de prescriptions culturelles impose le développement d'une culture du compromis ; l'impossibilité de maîtriser tous les codes culturels et donc d'avoir accès à des milieux divers impose l'intervention de médiateurs culturels, et parfois linguistiques.

La culture du compromis

Le plus souvent, dans les sociétés occidentales, la médiation sert à mettre fin à des conflits, d'une façon qui permet aux forces antagonistes en présence d'arriver à un compromis ou au moins à une négociation dans le respect des identités. La médiation s'oppose donc à la résolution des conflits par l'élimination d'une des parties en présence au bénéfice d'une autre et par le recours à la force [9].

L'ordre que doit respecter tout citoyen dans les sociétés laïques et démocratiques correspond à un ensemble de règles communes, qui n'imposent pas aux individus une façon particulière de vivre, de faire, de penser, de sentir, mais qui assurent la possibilité à

---

8. Catherine DELCROIX, « Médiations : où en sommes-nous ? » in *Hommes et Migrations*, n° 1249, mai-juin 2004.
9. *Cf.* Carole YOUNES et Étienne LE ROY (dir.), *Médiation et diversité culturelle. Pour quelle société ?* Karthala, Paris, 2002.

chaque groupe, chaque communauté, chaque confession d'exister, sans exclure les autres. L'État veille au respect des groupes et des individus les uns envers les autres, et assure, dans cet ensemble complexe et composite, une cohésion suffisante. Ces conceptions de l'État et de la société globale comme régulateurs plus que comme prescripteurs sont propres aux sociétés occidentales.

Quand les objectifs de la médiation sont déterminés par l'impératif de l'intégration, on retrouve cette conception : la nécessité de trouver des moyens de coexistence dans le respect d'identités d'individus ou de groupes sociaux aux intérêts, aux histoires, aux aspirations différents.

Deux questions se posent au médiateur ou à la médiatrice et les réponses conditionnent tout avancement dans le rapprochement des points de vue. La première concerne l'attitude de l'institution (française) à l'égard du médiateur : lui donne-t-elle suffisamment de marge de manœuvre pour négocier, ou le considère-t-elle essentiellement comme une courroie de transmission ? L'autre question s'adresse aux personnes en conflit : acceptent-elles de voir le médiateur ou la médiatrice autrement que comme un(e) allié(e), devant prendre fait et cause pour elles ? En effet, l'une des grandes difficultés que rencontrent les médiateurs et médiatrices est de se faire admettre comme médiateurs, au lieu d'être considéré comme un(e) allié(e) de l'un contre l'autre. Cette fâcheuse tendance à refuser le compromis n'est pas propre aux communautés immigrées car les institutions françaises peuvent parfois se montrer aussi réticentes à des compromis que les communautaristes.

Même dans la société occidentale, le compromis est encore souvent considéré comme un acte de faiblesse, une perte d'honneur, si ce n'est comme une trahison : trahison de sa communauté, de sa religion, de sa culture ; pour les immigrés, le compromis peut être vécu comme un pas vers l'assimilation non souhaitée. Peu de personnes se sentent valorisées parce qu'elles ont accepté (on dit « dû accepter ») un compromis, alors que c'est le fondement même du fonctionnement démocratique. Ce fonctionnement n'est d'ailleurs pas très différent de celui des sages, des anciens, dans les sociétés traditionnelles. Dans une société chinoise qui ne se caractérise pas par la démocratie, l'intervention d'un médiateur est une pièce essentielle de la vie sociale, dans la mesure où elle permet la solution des antagonismes sans que l'une des deux parties en présence ne perde la « face », son honneur.

Le rôle du médiateur

La plupart des métiers du travail social sont nés dans une société clairement divisée, à l'époque, entre une « classe populaire à éduquer » et une classe bourgeoise, majoritairement chrétienne, disposant d'une « mission d'éducation ». L'affirmation des cultures populaires, il y a un siècle environ, a été la première brèche dans cette relation. Depuis, le partage en classes est devenu moins clair dans la société française, et les valeurs chrétiennes ont fait place à des valeurs laïques. L'esprit de colonisation qui avait marqué la relation bourgeois-ouvrier a été fortement entamé. Puis, l'arrivée en masse d'immigrés non chrétiens et souvent pauvres a rendu encore plus obsolète une idéologie qui divisait la société entre les personnes qui éduquent et celles qui sont à éduquer, en fonction de critères d'appartenances sociales ou nationales. Peu à peu les travailleurs sociaux ont pris conscience de leur appartenance à une culture et à un milieu particuliers. La reconnaissance des limites qu'imposent ces particularités a amené les travailleurs sociaux à réfléchir à la nécessité de se faire aider, pour pouvoir intervenir dans des milieux sociaux et culturels qui ne leur sont pas accessibles directement.

Ainsi, des personnes familiarisées autant avec la culture française qu'avec un milieu « étranger » ont été appelées à la rescousse par les travailleurs sociaux pour établir la communication avec les usagers de leurs services. Les associations d'immigrés ouvertes à l'intégration étaient un vivier de médiateurs, et surtout de médiatrices, dont certain(e)s se sont professionnalisé(e)s.

Parmi les médiateurs, les femmes-relais constituent un exemple intéressant. Ce sont souvent des femmes jeunes, issues d'un milieu culturel traditionnel, qui ont fait des études et qui restent attachées à leur culture familiale. Elles parlent la langue des usagers, ce qui permet à ces derniers de s'exprimer avec plus d'aisance et de précision. Cependant, elles ont intégré les conceptions françaises de la démocratie et de l'égalité des sexes, mais savent comment en parler dans leur milieu pour ne pas être rejetées. Dans un premier temps, les travailleurs sociaux les ont découvertes dans leur pratique quotidienne, en leur demandant d'intervenir dans une situation délicate, puis ils ont fait appel de plus en plus souvent à ces femmes, qui sont devenues des médiatrices. De plus en plus souvent, ces médiatrices s'insèrent dans un réseau associatif qui d'une part leur donne une formation et un appui dans leur travail, et d'autre part permet aux pouvoirs publics de soutenir ce travail lorsqu'ils constatent sa qualité en accordant des subventions. Si dans un premier temps ces femmes-relais se contentaient de chercher à créer un climat de compréhension réciproque, très vite elles ont assumé de manière positive un rôle plus critique : par rapport aux institutions françaises (dont elles dénoncent des dysfonctionnements, des inadaptations, des injustices), aux populations dont elles sont issues (qui résistent à tout changement positif) et... aux travailleurs sociaux, qui parfois les regardent de haut.

Faire comprendre à l'autre le sens d'une différence culturelle et l'amener à envisager l'opportunité d'un compromis sont la première tâche des médiateurs et des médiatrices. Mais il y a bien sûr bien d'autres aspects à leur activité. Le médiateur aide les autres à se situer dans un contexte plus global. Géographique d'abord, car plus personne, aujourd'hui, ne peut vivre en vase clos ; historique ensuite, car il peut être utile de rappeler que la coexistence a été réelle dans le passé et qu'elle peut être meilleure dans l'avenir (un avenir d'ailleurs où le sort de l'un est lié à celui de l'autre). Le médiateur cherche à concilier l'objectif (institutionnel, législatif) avec le subjectif (besoin, désir), le droit et le devoir, le long terme et l'immédiat, le contexte et la situation personnelle.

Si le médiateur connaît tant soit peu une autre culture, il peut en donner des exemples pour expliquer à un interlocuteur récalcitrant comment, dans un autre contexte culturel, on peut voir, penser, sentir les choses autrement, et éventuellement pour le rendre conscient de ses propres déterminations culturelles. Une médiatrice d'origine maghrébine pourra expliquer à l'équipe de travailleurs sociaux les habitudes alimentaires au Maghreb. La femme d'origine malienne pourra expliquer que donner une fessée dans son pays n'est pas considéré comme répréhensible. Cela suppose que le médiateur lui-même soit en permanence en état d'éveil pour détecter ses propres conditionnements culturels.

Enfin, le médiateur peut aider à faire passer ses interlocuteurs du monde des représentations (souvent à base de préjugés, stéréotypes, interprétations hâtives) à la réalité, ou du moins à des représentations plus conformes à la réalité. Déconstruire des représentations que l'on a de soi et des autres est une entreprise délicate, qui peut avoir de lourdes répercussions au plan identitaire. Le médiateur peut essayer de rendre évidente une réalité que la plupart des interlocuteurs vivent déjà, mais que souvent ils ont peur de reconnaître, à savoir le fait de vivre sur plusieurs registres. Parfois, il s'agit pour le médiateur de déculpabiliser l'interlocuteur qui ressentirait un éventuel compromis comme une trahison de soi et de son groupe.

La présence de médiateurs est souvent une réalité incontournable, mais des réserves sont à faire. L'appel systématique à des médiateurs de même ethnie risque d'enfoncer le clou du communautarisme : une certaine population se sent prise en charge par des compatriotes, et le rôle des institutionnels français risque de passer au second plan.

Il est difficile de faire intervenir des médiateurs dans tous les cas où se manifestent des différences culturelles, car il n'y en a pas partout et ils sont souvent en nombre insuffisant dans les grandes agglomérations où les problèmes sont les plus nombreux. Face au risque de démobilisation et à l'absence de médiateurs, il existe la possibilité de recruter des travailleurs sociaux issus des populations les plus exposées, mais dans ces milieux les diplômés sont trop rares pour se voir représentés dans une proportion équitable dans les institutions du travail social. Est-il envisageable de prendre en compte, dans les concours qui conditionnent l'entrée dans une école professionnelle, les « expériences biographiques » ?

L'interprète

Statutairement, les interprètes et les traducteurs ne sont pas des médiateurs ; leur compétence est avant tout linguistique [10]. Cependant, tous les traducteurs savent que traduire, c'est interpréter, et pas seulement remplacer des mots par leurs équivalents dans une autre langue. Les travailleurs sociaux qui ont recours à des traducteurs-interprètes savent très bien combien il est difficile d'obtenir des renseignements précis ; ils ont l'impression d'être plus ou moins exclus d'un dialogue, alors que les traducteurs se sentent parfois dans l'impossibilité culturelle ou morale de traduire exactement les énoncés de l'usager des services publics. C'est que la langue n'est pas seulement un système de signes remplaçables, mais aussi un vecteur d'émotions, d'identité et de façons de penser. De plus, l'utilisation du langage a lieu dans un contexte que comprend mieux celui qui est tout à fait familiarisé avec les us et coutumes des usagers du service social [11]. Par exemple, l'interprète peut expliquer au travailleur social que les questions qu'il souhaite poser sont inacceptables dans la culture de son interlocuteur, et qu'elles risquent de fermer définitivement la porte à tout dialogue ultérieur. Il se peut aussi que l'étranger demande à l'interprète de ne pas traduire certains de ses propos...

---

10. *Cf.* Anne LE BALLE, « Enjeux de l'interprétariat dans le travail social », in *Écarts d'identité*, n° 98, hiver 2001-2002.

11. L'association ISM Interprétariat bénéficie d'une longue expérience d'interprétariat par déplacement d'interprètes ou par téléphone (01 53 26 52 82). Site Internet : www.ism-interpretariat.com

Les travailleurs sociaux ont parfois du mal à accepter que l'interprète copilote l'entretien. Ils ont un sentiment d'impuissance, parce que la maîtrise de l'entretien leur échappe, alors qu'ils portent sans partage la responsabilité du dossier. Parfois ils doutent de la compétence de l'interprète qui connaît, certes, mieux la culture de ses compatriotes, mais qui n'a pas reçu une formation en travail social. Mais un interprète n'est pas seulement un traducteur. Il retranscrit des propos retravaillés dans un contexte culturel. Certes, il convient d'être prudent lorsqu'il s'agit d'un fils traduisant les propos de sa mère qui ignore le français, et pouvant effectivement choisir de ne pas tout traduire ou d'ajouter des choses de son propre cru. Il vaut mieux recourir aux services d'interprètes professionnels ou du moins qui travaillent dans le cadre d'associations reconnues par les pouvoirs publics. Ceux-ci arrivent en général à prendre suffisamment de recul par rapport à leur propre sentiment pour ne pas tomber dans le piège de la trahison du sens. L'existence d'interprètes est, en fin de compte, la preuve concrète que le dialogue interculturel peut exister [12] !

La formation des travailleurs sociaux

La question qui se pose est de savoir si une formation à l'interculturel est nécessaire pour les travailleurs sociaux et, si la réponse est affirmative, de savoir quel doit être son contenu [13].

---

12. C'est aussi l'avis de Paul RICŒUR, dans son article « Projet universel et multiplicité des héritages », in Jérôme BINDÉ (dir.), *Où vont les valeurs ?*, op. cit., p. 75-80.
13. Il est difficile de parler de la formation des travailleurs sociaux sans faire référence aux travaux de Margalit COHEN-ÉMERIQUE (*cf.* notamment sa contribution dans *Hommes et Migrations*, n° 1249, mai-juin 2004). Citons en plus : Emmanuel JOVELIN (dir.), *Le Travail social face à l'interculturalité*, op. cit.; Élisabeth PRIEUR, Emmanuel JOVELIN et Martine BLANC (dir.), *Travail social et immigration*, op. cit., Jacques DEMORGON et Edmond-Marc LIPIANSKY, *Guide de l'interculturel en formation*, Retz, Paris, 1999 ; Gisèle LEGAULT, *L'Intervention interculturelle*, Gaëtan Morin, Montréal, 2000, ainsi qu'un bref ouvrage

Dans les écoles de formation au travail social, la présence d'anthropologues et d'ethnologues, qui savent faire comprendre la vision de l'homme et du monde dans d'autres cultures, est désormais fréquente. L'intervention de psychosociologues permet de réfléchir sur l'impact des changements culturels sur les personnes et de faire des recommandations pour une approche adaptée. En revanche, peu de formations font le lien entre les grandes mutations sociales et politiques en cours et le travail social.

La nécessité d'une formation

Une ouverture d'esprit et une attitude d'écoute ne suffisent-elles pas pour devenir compétent en relations interculturelles ? Les problèmes sociaux que peuvent rencontrer les migrants (emploi, logement, scolarisation...) leur sont-ils vraiment spécifiques ? Quels arguments éventuellement avancer pour convaincre les décideurs de consacrer des fonds et du temps à la formation interculturelle ?

Les travailleurs sociaux qui demandent à suivre ce type de formation sont en général ceux qui ont rencontré sur le terrain des problèmes de communication avec les migrants. Cela commence souvent par des problèmes linguistiques, mais d'autres difficultés peuvent surgir. Tout en se voulant respectueux des cultures, les travailleurs sociaux se retrouvent confrontés à la question : « Jusqu'où peut-on tolérer la différence ? » Ceux qui sont en formation initiale se montrent parfois moins demandeurs de ce type de formation parce qu'ils pensent qu'avec de la bonne volonté ils arriveront à vaincre ces obstacles. Mais, une fois plongés dans la pratique, ils ressentent en général vivement leur impréparation. Ceux d'entre eux qui s'y intéressent ont souvent été sensibilisés par une expérience d'expatriation, de militance ou de coopération, ou ont eux-mêmes une origine « étrangère »[14].

---

du collectif CDTM, *Se former à l'interculturel*, éditions Charles Léopold Mayer, 2000.

14. *Cf.* l'expérience de l'Éthiopien Tasse ABYE, « La formation des travailleurs sociaux dans les sociétés multiculturelles », in *Écarts d'identité*, n° 98, hiver 2001-2002.

Sans expérience de terrain, les questions posées sont souvent d'ordre idéologique. Si l'on accepte de parler de racisme ou de stéréotypes, ce sera surtout pour en accuser les autres, en particulier les médias. Comme beaucoup d'autres catégories de la population, les futurs travailleurs sociaux oscillent entre le relativisme culturel absolu et le renvoi systématique à des causes structurelles, faute de connaissance d'un éventail assez large de migrants « en chair et en os ». Prenant le contre-pied de l'attitude colonialiste, certains adoptent ainsi un relativisme absolu qui va parfois jusqu'à valoriser davantage la culture des autres que la sienne propre : la culture africaine ou la culture chinoise, qu'ils connaissent pourtant mal, sont alors prises comme des modèles, avec un angélisme qui ignore l'ambivalence de toute culture. D'autres ne veulent pas reconnaître l'importance de la dimension culturelle et renvoient tout à l'opposition des classes, aux réflexes colonialistes, aux effets des discriminations diverses, à l'absence de l'égalité des chances entre groupes sociaux.

Plusieurs arguments justifient l'intérêt et la nécessité d'une formation spéciale à l'interculturel pour les travailleurs sociaux.

Le danger d'ethnocentrisme inconscient constitue une première raison. En effet, la formation doit permettre aux futurs travailleurs sociaux de prendre conscience des conditionnements qui les ont façonnés pendant leur socialisation et qui les portent spontanément à se considérer eux-mêmes et leur milieu comme normaux, et à adopter des comportements et jugements normatifs. Le piège de l'ethnocentrisme réside précisément dans le fait de tout voir à travers ses propres lunettes, de tout juger avec son propre système des valeurs, sans savoir ou accepter que d'autres ne portent pas les mêmes lunettes et ont été socialisés avec d'autres valeurs.

Un deuxième argument peut encourager les acteurs sociaux à désirer une formation à l'interculturel : c'est l'enrichissement personnel, l'ouverture d'horizons nouveaux, la possibilité de s'extraire de carcans culturels trop enfermants. L'acquisition du « réflexe interculturel » permet de ne pas porter tout de suite un jugement en présence d'un interlocuteur qui déroute de prime abord ; ce réflexe permet de ne pas en rester à l'étonnement, mais d'essayer de découvrir à quelle logique répond la conduite de l'autre. Hélas, cet argument n'est pas susceptible de débloquer beaucoup de crédits dans le domaine de la formation professionnelle.

Un argument davantage susceptible de convaincre est celui de l'efficacité. Une formation à l'interculturel permet en effet d'accueillir les personnes dans de meilleures conditions, de les accompagner convenablement, d'éviter les pièges d'une mauvaise communication. Le rôle des travailleurs sociaux n'est-il pas d'être des médiateurs entre les usagers des services, les citoyens en général et les institutions administratives ?

Les nouveaux métiers de l'action sociale (aide à la personne, animation en quartier difficile, éducation de jeunes en difficulté, soins à domicile...) impliquent souvent des aspects culturels dont les acteurs ne sont pas toujours conscients. Il serait utile de prévoir une formation théorique permettant d'analyser leur expérience, de détecter et de maîtriser les dimensions culturelles de leur activité.

Enfin, une formation minimale des élus préposés aux affaires sociales ne serait pas superflue (même si certains viennent du milieu des travailleurs sociaux). En effet, un grand nombre de décisions qui se prennent relèvent d'« évidences » et de « bons sens » que tous les praticiens chevronnés mettent en question à cause de leur inefficacité prouvée depuis belle lurette. Il est dommage que le savoir-faire, la sagesse d'action acquis par les travailleurs sociaux, à force d'expériences, de réussites et d'échecs, soient complètement ignorés par les décideurs.

Le contenu

Outils d'analyse

Les interventions dans le champ social sont encore souvent fondées sur des raisonnements qui ont fait leur temps, des outils d'analyse qui sont devenus obsolètes. Plusieurs concepts élaborés pour des sociétés homogènes, tels que ceux de culture et d'identité, produisent ainsi des effets négatifs dans les débats sur les questions d'intégration, de communauté, de métissage... Des réflexions plus adaptées à la société moderne commencent à émerger [15] mais, étant plus complexes et politiquement moins exploitables, elles tardent à s'imposer.

Cette inertie se manifeste, par exemple, dans la façon d'analyser des questions relatives à la double (ou triple, ou quadruple...) appartenance culturelle, à l'usage de différentes langues, au respect des traditions, et dans la facilité d'utiliser des termes comme schizophrénie ou déracinement. La question est particulièrement opportune lorsqu'il s'agit de la socialisation des jeunes issus des migrations.

Le vocabulaire utilisé trahit souvent la prédominance d'une vision obsolète. Il est souvent question de « racines » ; or les humains ne sont pas des végétaux. Toute analogie avec le monde des plantes ou des animaux est appauvrissante, parce qu'elle ignore la liberté de l'homme malgré un faisceau de déterminations génétiques. De même, l'on continue de parler au singulier de la culture et de l'identité d'une personne, alors que c'est le pluriel qui serait correct. Viennent ensuite une série de confusions : un milieu socioculturel est appelé une communauté, une identité est confondue avec une nationalité, l'intégration est prise pour une assimilation, le patriotisme serait l'équivalent de nationalisme, les musulmans sont pris pour des islamistes, les Turcs sont confondus avec les Arabes... Travailler sur le vocabulaire permet de sortir de simplismes stérilisants.

Le cœur de la formation pourrait porter sur les différences entre d'un côté la société traditionnelle, collectiviste et communautaire, et de l'autre la société moderne et éclatée. C'est en effet dans le passage de l'une à l'autre que s'enracinent le plus grand

---

15. *Cf.* Denys CUCHE, *La Notion de culture dans les sciences humaines*, La Découverte, coll. « Repères », 3ᵉ éd., 2004.

La question interculturelle

nombre de problèmes. Peu à peu, d'autres problématiques s'infiltreront dans cette opposition, comme par exemple l'affirmation de l'existence individuelle (prédominante dans la société moderne ; reconnue dans la société traditionnelle, mais subordonnée à l'intérêt de la collectivité), l'égalité des droits, etc.

C'est dans ce chaos culturel que l'interculturel s'efforce de trouver une voie en rassemblant, sélectionnant, éliminant, comparant toutes les bribes, toutes les initiatives déjà présentes dans toutes les cultures, aussi bien dans la tradition que dans la modernité. Dans ce processus, il importe que les travailleurs sociaux se situent comme des accompagnateurs, critiquant les défaillances de comportements individuels et institutionnels anciens (par exemple, l'inégalité des sexes) ou modernes (par exemple, la soumission aux diktats de la publicité), et encourageant tout ce qui va dans le sens d'une réelle autonomie des personnes et de leur prise de responsabilité comme citoyens (par exemple dans la participation aux associations).

Des réflexions sur ce passage à la modernité et peut-être à la postmodernité peuvent donner lieu à des interventions de type philosophique, sociologique ou anthropologique. Il n'est pas toujours nécessaire de multiplier les cours magistraux ; des réunions bien menées à partir de l'expérience des uns et des autres peuvent être préférables dans un domaine qui, du point de vue scientifique, n'est pas encore très développé. Cela signifie aussi que les travailleurs sociaux peuvent puissamment contribuer à élaborer des outils théoriques plus adaptés à la nouveauté de la situation dans laquelle la mondialisation et les migrations qui l'accompagnent les plongent.

Connaissance des autres cultures

Le travailleur social qui rencontre de nombreuses familles maghrébines cherche spontanément à s'approprier quelques rudiments de la culture arabe, surtout pour mieux comprendre les questions liées à la structure familiale et à l'islam. Pour celui qui

Les adaptations institutionnelles

désire aller un peu plus loin se pose la question de la langue. Mais quelle langue ? L'arabe ou le berbère ? L'arabe officiel ou l'arabe dialectal ? Sans compter que le travailleur social n'a pas affaire qu'à des familles maghrébines, mais aussi sri-lankaises, turques...

Cette connaissance des autres cultures, même si elle reste très rudimentaire, a plusieurs avantages. Dans la communication, avec quelques mots simples, le travailleur social peut montrer l'intérêt qu'il porte à la culture de l'autre et briser la glace en valorisant cette culture. Les « étrangers » seront contents de voir qu'un Français s'intéresse à leur culture, leur pose des questions sur leurs coutumes, et le dialogue pourra s'établir plus facilement.

Cependant, la connaissance des autres cultures comporte aussi quelques pièges. Elle peut tout d'abord conduire à confondre les personnes avec leurs cultures. Il faut aussi pouvoir comprendre que l'interlocuteur a peut-être plus envie d'être traité comme un Français que d'être renvoyé systématiquement à ses origines. Plus subtile est la tentation du pouvoir : « Je sais comment il faut s'y prendre avec eux », disait le colonisateur (n'oublions pas que des ethnologues très célèbres travaillaient dans les colonies au service de Sa Très Gracieuse Majesté).

Il ne faudrait pourtant pas, à cause de ces pièges, se priver d'une connaissance la plus large possible, qui est utile et procure du plaisir.

Si la grande diversité des origines et des motivations des migrants ne permet plus au travailleur social de connaître toutes les langues et cultures concernées, il lui sera utile en revanche de s'interroger d'une façon générale sur ce que représente sa culture pour un migrant, sur les lieux où peuvent se nicher les pièges de la communication, sur la manière d'aider à l'intégration sans que cela implique pour l'interlocuteur de renier ses origines, etc.

Cependant, pour véritablement comprendre son interlocuteur, le travailleur social ne doit pas seulement chercher à acquérir des connaissances sur la culture de celui-ci mais également s'interroger sur la sienne propre.

Connaissance de soi et de ses propres cultures

Parler des autres, des ajustements culturels à faire suppose d'avoir soi-même une vision assez claire de ses propres cultures (au pluriel car il ne s'agit pas seulement de la culture française) et de se situer lucidement par rapport à elles. Cette connaissance permet de prendre conscience de la relativité de son propre système des valeurs ; relativiser ne veut pas dire dévaloriser, mais mettre ses propres valeurs en perspective avec les valeurs d'autres cultures [16].

Chaque institution possède sa propre culture, qui s'enrichit ou s'appauvrit selon la qualité relationnelle qu'elle entretient quotidiennement avec d'autres milieux. La connaissance du fonctionnement des mécanismes culturels et des processus identitaires permet de mieux comprendre ce qui se passe dans la rencontre avec des personnes de cultures différentes, mais aussi de faire l'analyse de sa propre culture, de devenir conscient de ses propres conditionnements.

Il y a lieu aussi de s'interroger sur ses propres préjugés et motivations véritables, sur cet éventuel sentiment de culpabilité qui anime ceux qui se sentent dans une situation de domination par rapport à la personne qui vient leur demander de l'aide... Voilà des questions avec lesquelles il vaut mieux être au clair. Sinon, de mauvais réflexes risquent de prendre le pas sur la réflexion.

Enfin, une question éthique se pose au travailleur social : De quel droit doit-il pousser les migrants à changer ? Est-ce leur rendre service que de les convertir au mode de vie occidental, à ses conceptions de la socialisation et de l'éducation, à sa façon de vivre les rapports entre hommes et femmes ? Qu'est-ce qui légi-

---

16. Un outil de travail fort utile : Margalit COHEN-ÉMERIQUE, « Formation par la méthode des incidents critiques », *Cahiers de sociologie économique et culturelle (Ethnopsychologie)*, n° 2, Le Havre, décembre 1984, p. 183-218.

time son intervention dans les rapports sociaux, familiaux de ses interlocuteurs, sachant que la mise en question qu'elle implique peut provoquer des dégâts [17] ?

Une intervention de travailleurs sociaux qui n'est pas menée avec tact et humanité risque toujours de faire plus de dégâts que de bien, parce que les décisions doivent non seulement être justifiées du point de vue français, mais pouvoir s'intégrer dans la vision de l'homme et du monde des interlocuteurs. C'est par exemple le cas lorsque des acteurs sociaux perçoivent pour une jeune fille l'imminence probable d'un voyage au pays d'origine pour un mariage forcé ou une excision. Le signalement classique ne suffit pas lorsque ces actes seront réalisés à l'étranger ; seule une intervention multiforme auprès des filles de la famille (au sens large) et d'éventuelles autorités traditionnelles peut être efficace. La menace de sanctions au retour en France peut être évoquée, mais ne sera pas décisive. En revanche, lorsque ces rites risquent d'être accomplis en France, l'éventail d'intervenants peut comprendre des représentants compétents de la justice et de la police.

Toutes ces questions et la variété des sujets à aborder impliquent que la formation à l'interculturel soit un travail interdisciplinaire, faisant appel aussi bien à la psychologie qu'à la sociologie, au droit, à l'histoire, à l'anthropologie ou à l'économie. Le volet sociologique est en particulier essentiel, justifié par l'évolution des sociétés. La mondialisation ne multiplie pas seulement la mobilité des populations et les mélanges conséquents. Elle modifie en profondeur l'organisation des sociétés. Dans le monde qui se dessine, il y aura de moins en moins de blocs culturels homogènes, il sera de moins en moins question de majorités et de minorités

---

17. *Cf.* les contributions de Monique ECKMANN (p. 49-54) et Tasse ABYE (p. 325-337), *in* Emmanuel JOVELIN (dir.), *Le Travail social face à l'interculturalité*, *op. cit.*

territoriales. On assiste ainsi au passage d'un modèle pyramidal à un modèle réticulaire, où les réseaux pourront exister, soit enfermés sur eux-mêmes dans une société multiculturelle, soit avec un esprit d'échange dans une société interculturelle.

CONCLUSION

Toute rencontre entre personnes et populations de cultures différentes est traversée par des forces divergentes. La mondialisation en est une, de plus en plus prégnante, impulsée surtout par des courants économiques et, dans le cadre de l'Europe communautaire, par une volonté politique ; par ailleurs, des communautés locales, ethniques ou religieuses se mettent en place ou se renforcent, en réponse à certaines évolutions mondiales : la perte de repères identitaires, l'écart grandissant entre régions riches et pauvres, la menace d'uniformisation ; enfin, l'État-nation doit négocier ses frontières en jouant les barrages ou en forçant l'ouverture, et doit faire face aux exigences de compétitivité internationale, qui font peser certains risques sur la protection sociale des citoyens. Ces tensions s'expriment collectivement par des regains de nationalisme, d'intégrisme religieux et ethnique. Enfin, on assiste en Occident à une recherche d'autonomie toujours plus grande des individus, qui peut être problématique pour des personnes originaires de sociétés traditionnelles, marquées par la préoccupation du collectif.

Le travailleur social, dans sa rencontre avec un public « venu d'ailleurs », est pris dans cette tourmente ; il assiste à une

La question interculturelle

globalisation inéluctable, à une tentation communautaire, à un appel à l'État pour plus de protection. Il doit prendre en compte ce champ de forces dans sa manière d'envisager l'intégration dans la société française, ne pas ignorer la dimension socio-économique et les écarts qui se creusent entre citoyens et entre pays, prendre certaines précautions dans le dialogue avec des personnes qui vivent les menaces et les promesses autrement que lui.

Prendre en compte et essayer de concilier ces forces contradictoires est un défi quotidien pour le travailleur social, qui manque parfois de repères. Tout au long de cet ouvrage, deux repères potentiels se détachent principalement, qui demandent bien souvent une révision des principes classiques du travail social.

Le premier est d'ordre relationnel. Dans le face-à-face entre le travailleur social et son interlocuteur « venu d'ailleurs », la distance culturelle, religieuse ou ethnique pose peu de problèmes lorsque la relation est bonne. Une « bonne relation » implique à la fois qu'elle est humaine, rassurante et techniquement opérante. Dans le domaine interculturel, un minimum de formation technique est de plus en plus proposé dans les écoles, et cette partie du programme devrait normalement se développer au cours des années qui viennent. La dimension humaine, interpersonnelle pose plus de problèmes parce que, traditionnellement, la non-implication personnelle des travailleurs sociaux était un dogme professionnel. Or le travailleur social actif dans un milieu multiculturel, obligé d'avancer des arguments et de faire comprendre ses décisions, doit avoir une proximité affective suffisante pour comprendre les situations de l'intérieur. Sans cette proximité, il risque de ne pas voir les enjeux et le sens des problèmes qui lui sont posés ; sans elle, il ne saura pas expliquer le sens de ses décisions, il n'y aura pas de véritable négociation dans laquelle tous les interlocuteurs prennent leur part de responsabilité.

Le second repère se situe dans le domaine des valeurs à respecter. La valeur suprême devrait être l'autonomie des personnes [1], la reconnaissance des individus comme égaux et libres. L'autonomie n'est ni égoïsme, ni parfait individualisme : la dimension collective doit être également reconnue. La personne autonome ne prend pas seulement en compte ses propres envies, mais aussi les contraintes liées à la vie en société. L'autonomie est aussi un objectif : l'individu ne naît pas autonome, mais le devient par la socialisation. Elle est le résultat d'une pédagogie, et parmi les pédagogues les travailleurs sociaux ont un rôle important à jouer. Mais il ne s'agit pas seulement de l'autonomie des individus. L'existence de collectivités, qui peuvent être pour l'individu plus proches que l'État-nation, est aussi à prendre en compte ; les communautés ethniques, religieuses, ainsi que les minorités régionales ou nationales méritent de ne pas être étiquetées « communautaristes » trop rapidement car elles peuvent jouer ce rôle pédagogique.

C'est dans cette perspective que se situe le travail interculturel et que peut se situer le travail social. Travailler quotidiennement à rendre les personnes (et soi-même !) plus autonomes et plus solidaires ; à lutter à la fois contre la dépendance communautariste et l'individualisme égoïste ; à briser le cercle vicieux de l'assistanat tout en sachant assister quand et là où il faut ; à ouvrir les yeux sur toute forme de manipulation, que ce soit par des médias, des compatriotes ou... des services sociaux ; à se sortir soi-même et à sortir autrui en permanence des peurs qu'inspirent les rencontres avec les autres ; à se méfier des réflexes pour privilégier la réflexion ; à refuser tout dogmatisme culturel ou religieux, pour privilégier la négociation et le compromis qui conduisent à l'intégration.

Le dialogue interculturel suppose de prendre quelques précautions dans le jeu des représentations, dans l'usage de la mémoire, souvent peuplée de préjugés ; il suppose également la patience et la

---

1. *Cf.* Gilles VERBUNT, *La Modernité interculturelle. La voie de l'autonomie*, L'Harmattan, Paris, 2006.

capacité à se décentrer, voire à se faire violence. En effet, préconiser l'intégration culturelle et sociale n'est pas une entreprise pacifique. C'est plutôt un processus conflictuel, mais dont l'issue n'est pas une prise de pouvoir, ni la création d'un fossé, mais un plus grand épanouissement de tous les partenaires. La société interculturelle qui doit en résulter ne ressemble en rien à un consensus mou, mais plutôt à un lieu de confrontation permanente, dont le but n'est pas la fusion, mais la recherche d'une existence commune la plus riche possible. Le dialogue interculturel est un champ de bataille dont ne sortent que des vainqueurs.

BIBLIOGRAPHIE COMPLÉMENTAIRE

Ouvrages

ABOU Sélim, *L'Identité culturelle. Relations interethniques et problèmes d'acculturation*, Paris, Anthropos, Paris, 1981.

BOUCHER Manuel, *Les Théories de l'intégration. Entre universalisme et différentialisme*, L'Harmattan, Paris, 2000.

COHEN-ÉMERIQUE Margalit et CAMILLERI Carmel, *Choc de cultures*, L'Harmattan, Paris, 1989.

FERRÉOL Gilles et JUCQUOIS Guy (dir.), *Dictionnaire de l'altérité et des relations interculturelles*, Armand Colin, Paris, 2003.

GÖLE Nilüfer, *Musulmanes et modernes. Voile et civilisation en Turquie*, La Découverte, Paris, 1993.

HALL Edward T., *La Dimension cachée*, Le Seuil, coll. « Points », Paris, 1978.

HALL Edward T., *Au-delà de la culture*, Paris, Le Seuil, coll. « Points », Paris, 1979.

HALL Edward T., *La Danse de la vie. Temps culturel, temps vécu*, Le Seuil, coll. « Points », Paris, 1984.

KAUFMANN Jean-Claude, *L'Invention de soi. Une théorie de l'identité*, Hachette littératures, Paris, 2004.

LACOSTE-DUJARDIN Camille, *Des mères contre les femmes*, La Découverte, Paris, 1987.

LAHIRE Bernard, *L'Homme pluriel*, Nathan, Paris, 1998.
MAALOUF Amin, *Les Identités meurtrières*, Grasset, Paris, 1998.
SAUQUET Michel, *L'Intelligence de l'autre*, Éditions Charles Léopold Mayer, Paris, 2007.
SCHNAPPER Dominique, La relation à l'autre, Gallimard, Paris, 1997.
VERMES Geneviève et BOUTET Josiane (dir.), *France, pays multilingue*, 2 tomes, L'Harmattan, Paris, 1987.
VERMES Geneviève (dir.), *Vingt-cinq Communautés linguistiques de la France*, 2 tomes, L'Harmattan, Paris, 1987.

Revues

Accueillir (SSAE)
10-18, rue des Terres au Curé, 75013 Paris
Tél. : 01 76 74 75 65
Mél : contact@ssae.fr
Site Internet : www.ssae.net

Diversité, ex. *Ville-École-Intégration, Enjeux* (Sceren)
91, rue Gabriel-Péri, 92120 Montrouge
Tél. : 01 46 12 87 84
Mél : marie.raynal@cndp.fr

Écarts d'identité (ADATE/SAID)
5, place Sainte-Claire, 38000 Grenoble
Tél. : 04 76 44 46 52
Mél : redaction@ecarts-identite.org

Hommes et Migrations
Cité nationale de l'immigration – 293, avenue Daumesnil, 75012 Paris
Tél. : 01 53 59 58 60
Site Internet : www.hommes-et-migrations.fr

Le Furet
6, quai de Paris, 67000 Strasbourg
Tél. : 03 88 21 96 62
Mél : lefuret@noos.fr

Migrations-Santé
23, rue du Louvre, 75001 Paris
Tél. : 01 42 33 24 74
Mél : migsante@easynet.fr

Migrations-Société (CIEMI)
46, rue de Montreuil, 75011 Paris
Tél. : 01 43 72 49 34
Mél : ciemiparis@aol.com

Plein Droit (GISTI)
4, villa Marcès, 75011 Paris
Tél. : 01 43 14 84 84
Mél : gisti@gisti.org
Site Internet : www.gisti.org

TABLE DES MATIÈRES

Préface à la seconde édition 5

Introduction 11

1. L'intégration, un objectif du travail social ? 15
   Dépasser les modèles anciens 16
      En finir avec le colonialisme 16
      Modèle français ou modèle anglo-saxon ? 19
      L'intégration nationale, un modèle parmi d'autres 21
      Pluralité des lieux d'intégration 23
   Vaincre des peurs injustifiées 25
      La peur des communautés 25
      La peur du métissage 29
   L'intégration, un processus actif 30
      Une évolution constante 30
      La dynamique affective 33
      La précarité : un frein à l'intégration 36
      Mémoires et projets 39
      Un état difficile à évaluer 40

2. Des coutumes à la loi 47
Repères pour la conduite 47
Contraintes du droit 48
Prévalence du droit national 48
Les accords binationaux 50
Les préceptes religieux 51
La religion populaire 51
La religion instituée 53
La coutume et les valeurs 55
La coutume est-elle toujours sagesse ? 55
Des hiérarchies de valeurs différentes 56
Exemples de valeurs qui varient selon les cultures 59
Culture et citoyenneté 63
L'autorité du travailleur social 64
Le poids du contrôle social 66
Le risque d'exclusion du milieu 67
La peur culturelle du changement 68
Hésitations politiques 70
L'acquisition de la nationalité française 71
Les droits politiques 72
Le travailleur social et la politique 74
Une évolution inquiétante 77

3. L'expérience de la migration 81
Entre « ici » et « là-bas » 81
Aspiration à une vie meilleure et nostalgie 82
Le rapport au milieu d'origine 85
Le rapport affectif 85
Le rapport économique 86
Les rapports culturels 89
Le retour 90
Effets de la migration sur la famille 92
Le rôle primordial de la famille 92
Évolution de la famille 94
Une place pour chacun 96
Hommes et femmes 96

Table des matières

Mère et père	99
Le couple : marché matrimonial et lien conjugal	101
Parents et enfants	104
Les anciens	107
Rôles et statuts en suspension	109

4. Le dialogue interculturel — 113

L'écran des représentations	113
Représentations, préjugés, stéréotypes et racisme	114
Le rôle des médias dans les représentations	119
Quelques représentations dont il faudrait se défaire	121
La communication	125
La langue et les langages	125
Maîtrise de la langue	126
Le langage corporel	128
L'écrit et l'oral	130
Langues d'origine	131
Éléments de mise en scène	134
Les salutations	134
Distance et proximité	135
Respect du nom et état civil	136
Le temps	137
L'espace	139

5. Différences de perception et situations interculturelles sensibles — 141

L'emploi et le chômage	141
L'accès à l'emploi, facteur d'intégration	142
Les relations avec l'employeur	144
Des attitudes qui varient selon la génération et le sexe	145
Questions d'argent	147
L'habitat	150
Les regroupements	150
Les façons d'habiter	152
Questions de religions et de statut personnel	154
Pouvoir spirituel versus pouvoir temporel ?	154

La question du voile islamique	156
Les mariages forcés ou arrangés	160
La polygamie	162
Le divorce et la répudiation	163
Modes d'éducation	164
Démission des parents ?	164
L'enfant et ses cultures	165
Manque de repères et « culture de l'échec »	168
La question de la maltraitance	170
Le corps et la santé	171
Corps individuel et corps collectif	172
Vêtements et marquage des corps	173
Le cas particulier de l'excision	175
La maladie physique et la question de l'hygiène	178
La maladie psychique	180
Sexualité, conception et grossesse	180
La vieillesse	183
La mort	184
L'alimentation	185
6. Les adaptations institutionnelles	**189**
L'interculturel dans le quotidien des travailleurs sociaux	189
La lutte contre les discriminations	190
De la discrimination « molle » à la discrimination raciste	190
La discrimination positive	193
L'accueil et le suivi	195
Le travail en partenariat	198
Avec les associations communautaires	198
Avec les administrations	201
Un travail de médiation	203
La culture du compromis	203
Le rôle du médiateur	205
L'interprète	208
La formation des travailleurs sociaux	209

La nécessité d'une formation 210
Le contenu 212
　Outils d'analyse 212
　Connaissance des autres cultures 214
　Connaissance de soi et de ses propres cultures 216

Conclusion 219

Bibliographie complémentaire 223

Table des matières 227

DANS LA COLLECTION
ALTERNATIVES SOCIALES / LES MÉTIERS DU SOCIAL

Le Métier d'éducateur de jeunes enfants, Daniel VERBA, 1993, 2001, 2003.

Les Aides à domicile, des emplois en plein remue-ménage, Lise CAUSSE, Christine FOURNIER, Chantal LABRUYÈRE, 1998.

Le Métier de conseiller(ère) en économie sociale et familiale, professionnalité et enjeux, François ABALLÉA, Isabelle BENJAMIN, François MÉNARD, 1999, 2003.

Le Métier d'animateur, Jean-Marie MIGNON, 1999.

Les Métiers de la petite enfance, des professions en quête d'identité, Didier-Luc CHAPLAIN, Marie-France CUSTOS-LUCIDI, 2001.

Le Sport et ses métiers, Jean-Pierre AUGUSTIN, 2003.

Le Métier d'éducateur de la PJJ, Véronique FREUND, 2004.

AUTRES TITRES DE LA COLLECTION
ALTERNATIVES SOCIALES

Ancienne série (titres disponibles) dirigée par Michel Tachon

La Fin du mariage, Françoise BATTAGLIOLA, 1988.

D'une génération ouvrière à l'autre, Paul BOUFFARTIGUES, Francis GODARD, 1988.

Informatique et travail social, Françoise DURIBREUX, 1988.

Les Naufragés de l'intelligence, Nicole DIEDERICH, 1991.

L'Enfant face à la séparation des parents : une solution, la résidence alternée, Gérard NEYRAND, 1994.

L'Ingénierie sociale, Michel BONETTI, Jean FRAISSE, Vincent DE GAULEJAC, nouvelle édition, 1996.

Histoire des centres sociaux, du voisinage à la citoyenneté, Robert DURAND, 1996, 2001.

Les Jeunes face à la justice pénale, analyse critique de l'ordonnance de 1945, Francis BAILLEAU, 1996.

Les Politiques familiales, Agnès PITROU, 1996.

Nouvelle série

Reconstruire les liens familiaux, Benoît BASTARD, Laura CARDIA-VONÈCHE, Bernard EME, Gérard NEYRAND, 1996.

Les Adolescents face à la violence, sous la direction de Caroline REY, 1996, 2000.

Savoir vivre ensemble, agir autrement contre le racisme et la violence, Charles ROJZMAN avec Sophie PILLODS, 1998.

Faire société, les associations au cœur du social, sous la direction de François BLOCH-LAINÉ, 1999.

Vivre le RMI des deux côtés du guichet, Monique MOULIÈRE, Thierry RIVARD, Alain THALINEAU, 1999.

Le Social dans la tourmente, Florence PINAUD, Charlotte AUBERT, 1999.

Les Collégiens, l'école et le temps libre, Joël ZAFFRAN, 2000.

La Médiation : expériences et compétences, Philip MILBURN, 2002.

Jeux de drôles. Jeunes et société : quand le théâtre transforme la violence, René BADACHE, 2002.

Peut-on civiliser les drogues ? De la guerre à la drogue à la réduction des risques, Anne COPPEL, 2002.

Les Démarieurs. Enquête sur les nouvelles pratiques du divorce, Benoît BASTARD, 2002.

Face à l'insécurité sociale. Désamorcer les conflits entre usagers et agents des services publics, Suzanne ROSENBERG, Marion CARREL, 2002.

Les Naufragés de l'intelligence. Paroles et trajectoires de personnes désignées comme « handicapées mentales », Nicole DIEDERICH, nouvelle édition, 2004.

L'Enfant face à la séparation des parents, une solution, la résidence alternée, Gérard NEYRAND, nouvelle édition, 2004.

Des maux indicibles. Sociologie des lieux d'écoute, Didier FASSIN, 2004.

Composition : DVAG, La Rochelle.
Impression réalisée par Dupli-Print
à Domont (Val d'Oise).
Dépôt légal du 1er tirage : mai 2009
Suite du 1er tirage (2) : juillet 2013
N° d'impression : 237878
Imprimé en France